O PRAZER CENSURADO

clitóris e pensamento

CATHERINE MALABOU

tradução CÉLIA EUVALDO

9 1. Apagamentos

21 2. Quase deusas / Ninfas 1

25 3. Imagens sem sexo: Boccaccio,
Warburg, Agamben / Ninfas 2

31 4. Nadja sem o ser, breve observação sobre
a "mulher objeto de amor" / Ninfas 3

35 5. Anatomia política

41 6. A "existência sexual" segundo
Simone de Beauvoir

49 7. Dolto, Lacan e a "relação"

61 8. "O sexo feminino é o clitóris"/
Carla Lonzi e o feminismo da diferença

69 9. Luce Irigaray: "A mulher não é nem fechada nem aberta"

77 10. "Com ternura e respeito pela vulva inocente"

85 11. Mutilação e reparação: as palavras certas?

91 12. Corpos tecnologicamente modificados / Paul B. Preciado e o transfeminismo

99 13. *"Mea vulva, mea maxima vulva"* / Ninfas 4: ninfomaníaca

105 14. Zonas de êxtase do real

119 15. Clitóris, anarquia e feminino

124 *Sobre a autora*

À memória de Anne Dufourmantelle, fazendo eco a sua meditação sobre a doçura.

Ó, clitóris, rubi misterioso que te agitas
cintilante qual joia no torso de um deus.
PIERRE LOUŸS

1.
APAGAMENTOS

O clitóris é uma pedrinha minúscula alojada no fundo do sapato do imaginário sexual. Na mitologia grega, dizia-se que a jovem Clitóris, conhecida por sua figura esbelta, era pequena "como um seixo". Por muito tempo escondido, desprovido de nome ou representação artística, ausente dos tratados de medicina, não raro ignorado pelas próprias mulheres, o clitóris teve ao longo dos séculos uma existência de *scrupulus*, na acepção original do termo, ou seja, a pedrinha no sapato que incomoda o passeio e atormenta o espírito.[1] A etimologia hesitante do termo permite situar sua morfologia entre a "colina" (*kleitoris*) e o "fecho" (*kleidos*). Clitóris: esse pequeno segredo intumescido que persiste, resiste, incomoda a consciência e fere o calcanhar é um órgão, o único, que serve apenas para o prazer – logo, "para nada". O nada de tudo, o imenso nada, o tudo ou nada do gozo feminino.

O primeiro uso anatômico da palavra se deve a Rufo de Éfeso, médico grego que viveu entre o século I e II EC e que brinca de esconde-esconde com seus sinônimos: "A *ninfa* ou *murta* é o pedacinho de carne musculosa que pende no meio [da fenda], outros a chamam de *hipoderme*, outros de *clitóris*, e se diz *clitorizar* para expressar o toque lascivo dessa parte".[2] Em 1561, Gabrielle Falloppio, que emprestou seu nome às famosas trompas, alegou tê-lo descoberto. Em francês, o termo aparece em 1575 sob a pena de Ambroise Paré, que o grafa

---

1 Na França, foi preciso esperar até 2019 para que "cinco manuais escolares do segundo grau passem a representar a anatomia completa do clitóris" (Marlène Thomas, *Libération*, 4 out. 2019).

2 Rufo de Éfeso, *Du Nom des parties du corps humain* [séc. I EC]. Paris: Daremberg-Ruelle, 1879, p. 147.

cleitoris e em 1587 o suprime misteriosamente de suas *Œuvres*.[3] Mal foi impresso e já foi censurado.

Corta para o século XXI. Uma ginecologista explica a uma atordoada plateia masculina como o clitóris se comporta durante o amor ao entrar em contato com pênis, dildos, dedos, línguas, como se movimenta, como fica durante a penetração ou a carícia.[4] Cúmplice da vagina, sua parceira. Mas também pode gozar sozinho. Animado por uma dupla orientação erótica. Vaivém, quando acompanha os movimentos da vagina penetrada. Endurecimento, quando se erige como uma crista. Às vezes os dois juntos. Às vezes um sem o outro. Sem optar por um ou outro, o clitóris desorienta as dicotomias.

Essa vida dupla, que já questiona a norma da heterossexualidade, também passou despercebida por séculos. As primeiras formas de reconhecimento do clitóris serviram apenas para reiterar a ignorância a respeito dele, equiparando-o ao pênis. É muito conhecida a teoria da menina-moleque [*fille-garçon manqué*, em francês, *tomboy*, em inglês, ou maria-rapaz, em português de Portugal], de Freud, para quem o sexo feminino tem a forma de uma ausência. Cicatriz de uma castração, o clitóris é o pênis atrofiado das mulheres. Freud ainda é, à sua maneira, prisioneiro do modelo unissexo. Em uma tese audaciosa, *Inventando o sexo: corpo e gênero dos gregos*

---

3   Ver Michèle Clément, "De l'Anachronisme et du clitoris". *Le Français préclassique*, n. 3. Paris: Champion, 2011, pp. 27–45. Ver também Christian Boudignon, "Vous Parlez Grec et vous ne le saviez pas". *Connaissance hellénique*, n. 28, 7 jul. 2014.

4   Odile Buisson, "Le Point G et l'orgasme féminin", série Les Ernest, 7 jun. 2014. Disponível em: dailymotion.com/video/x1ytz7h. Conferência extraordinária na qual a existência do misterioso "ponto G" é questionada.

a Freud,[5] Thomas W. Laqueur mostrou que, da Antiguidade até o século XVIII, impôs-se a visão do sexo único, segundo a qual as diferenças anatômicas entre homens e mulheres seriam insignificantes. Acreditava-se que havia um único sexo: os órgãos sexuais femininos se encontravam no interior do corpo, os do homem, no exterior. Mais tarde, a descoberta anatômica do clitóris não será suficiente para aposentar por completo esse esquema.

Daí também a construção fantasmática da lésbica, homem invertido, radicalmente demolida por Simone de Beauvoir.[6]

Ao mesmo tempo, ainda que tido por pênis estropiado, o clitóris sempre foi associado a um gozo excessivo. Inapto para a reprodução. Censurado mas lúbrico. Diz uma lenda que certas górgones, dotadas de um clitóris volumoso, eram condenadas à eterna masturbação. A ablação do clitóris, a clitoridectomia, aliás, surgiu como meio terapêutico para castrar a mulher uma segunda vez, acalmando seus ardores. Solução radical para a infinitude do prazer.

A excisão está presente em todas as culturas e não só na África, como geralmente se acredita. No Ocidente, foi praticada como terapia para histéricas e ninfomaníacas. Há diversas formas de seccionar o clitóris. A física, sem dúvida. Mas também

---

5   Thomas W. Laqueur, *Inventando o sexo: corpo e gênero dos gregos a Freud*, trad. Vera Whately. Rio de Janeiro: Relume-Dumará, 2001.

6   Ver Simone de Beauvoir, *O segundo sexo*, trad. Sérgio Milliet. Rio de Janeiro: Nova Fronteira, 2020, v. 2, parte 1, cap. IV: "A lésbica". Ver também Valerie Traub, que afirma: "Desde o advento da psicanálise, o clitóris e a 'lésbica' foram mutuamente implicados, como irmãos na vergonha: sendo um o sinal perturbador que indica a existência da outra" ("The Psychomorphology of the Clitoris". *GLQ: A Journal of Lesbian and Gay Studies*, n. 2, 1995, p. 82).

existe uma gama extensa de excisões psíquicas. A legendária frigidez, contraponto da ninfomania, é uma delas.

Ausência, ablação, mutilação, negação. Pode o clitóris existir nas mentalidades, nos corpos, nos inconscientes, de outra forma que não em negativo?

———

As pessoas dirão que as coisas evoluíram. É verdade. A existência do clitóris, anatômica, simbólica, política, é hoje reivindicada a partir de diversas perspectivas, culturas, práticas, gestos militantes e performativos. "É preciso fazer a revolução do clitóris!", afirma Nadya Tolokonnikova, do grupo Pussy Riot ("Rebelião da Boceta", ao pé da letra).

Nos últimos tempos foram publicados livros que felizmente se rebelam contra a invisibilidade do clitóris.[7] Toda uma nova geografia de prazer, estética e ética, se afirma e se estende muito além da matriz heterossexual, podendo ser resumida em quatro palavras: "para além da penetração".[8]

Também no âmbito do feminismo as peças se moveram. O discurso passou por uma transformação radical, do feminismo da segunda geração e depois da terceira até o transfeminismo ultracontemporâneo. Não se trata mais, ou não mais

---

7 Por exemplo, Delphine Gardey, *Politique du clitoris* (Paris: Textuel, 2019); Camille Froidevaux-Metterie, *Le Corps des femmes: la Bastille de l'intime* (Paris: Philosophie Magazine Éditeur, 2018); Maïté Mazaurette e Damien Mascret, *La Revanche du clitoris* (Paris: La Musardine, 2016); os artigos de Michèle Clément, "De l'Anatomisme et du clitoris" (*Le Français préclassique*, n. 3. Paris: Champion, 2011) e de Sylvie Chaperon, "Le Trône des plaisirs e des voluptés: anatomie politique du clitoris, de l'Antiquité à la fin du xixᵉ siècle" (*Cahiers d'Histoire – Revue d'Histoire Critique*, n. 118, 2012).

8 Martin Page, *Au-delà de la Pénétration*. Paris: Le Nouvel Attila, 2020.

apenas, de designar o clitóris como marca exclusiva da mulher. Abordagens queer, intersexuais, trans... o clitóris passou a ser o nome de um dispositivo libidinal que não pertence necessariamente às mulheres e desorganiza a visão tradicional da sexualidade, do prazer e dos gêneros. Outras cirurgias, outros imaginários. Doravante, exclama Paul B. Preciado, podemos, todo mundo pode, sem modelo exclusivo nem universal, ter "um clitóris no meio do plexo solar".[9]

No entanto.

———

No entanto escrevo porque talvez nada tenha realmente mudado. De um lado, porque as mutilações sexuais ainda são rotineiras. Porque o prazer ainda é recusado a milhões de mulheres. Porque o clitóris ainda é, física e psiquicamente, o órgão do prazer censurado. Mas também porque se rebelar contra um apagamento talvez signifique sempre apagá-lo de outra forma. Reconhecer uma realidade não seria desconhecê-la de outra maneira? Aclará-la não seria sempre um ato de violência? Acariciar com uma das mãos, censurar com a outra.

———

A história do clitóris certamente pode ser lida como uma trajetória linear, uma história de progresso que parte do apagamento à visibilidade, da rasura à existência. Hoje, o clitóris teria enfim encontrado, ao menos em alguns países e em alguns meios, sua dignidade existencial. No entanto, entre cada fase, cada passo desse "progresso", abre-se uma espécie de abismo.

9 Paul B. Preciado, *Um apartamento em Urano: crônicas da travessia*, trad. Eliana Aguiar. Rio de Janeiro: Zahar, 2020, p. 257.

De fato, não basta reivindicar a existência do clitóris, detalhar sua anatomia, insistir em sua importância, engajá-lo numa afirmação performativa para que o eclipse tenha fim. Todas as minhas leituras, todas as minhas pesquisas me levaram à conclusão de que tocar no clitóris, no sentido figurado e talvez também literal, é sempre experimentar um *distanciamento*. O clitóris só existe no âmbito da distância, o que não compromete nem sua autonomia nem sua intensidade orgástica, mas, ao mesmo tempo e paradoxalmente, torna difícil vê-lo como um todo completo, unificado, recolhido em si mesmo.

Distanciamento entre clitóris e vagina – objeto de tantas análises e psicanálises. Distanciamento entre clitóris e pênis. Distanciamento entre clitóris e falo, o primeiro se recusando, ao contrário do pênis, a obedecer à lei do segundo. Distanciamento entre o biológico e o simbólico, a carne e o sentido. Distanciamento, enfim, entre os "sujeitos" do feminismo e os próprios feminismos. Distanciamento entre os corpos. Distanciamento entre o destino anatômico do sexo e a plasticidade social do gênero. Distanciamento entre dado de nascimento e intervenção cirúrgica. Distanciamento entre a reivindicação da existência da "mulher" e a rejeição dessa categoria. Distanciamento entre um "nós, as mulheres" e uma multiplicidade de experiências que impede unificar ou universalizar esse "nós" e essas "mulheres".

O distanciamento não é apenas a diferença – diferença entre o mesmo e o outro, ou diferença em relação a si mesmo. A diferença – inclusive a diferença sexual – é só uma manifestação do distanciamento. O distanciamento fratura a identidade paradoxal da diferença, revela a multiplicidade nela contida.

É portanto surpreendente que tenha sido escolhido *um* órgão, *uma* parte do corpo ou do sexo – o clitóris – para acomodar essa multiplicidade de distanciamentos. Por que privilegiar *o* clitóris e não outras zonas, não necessariamente genitais?

Porque ele é um símbolo mudo.

Em primeiro lugar, contam-se nos dedos os filósofos que se arriscaram a falar dele, enquanto fazem inúmeras referências a outras partes do corpo da mulher, seios, vagina ou ninfas, por exemplo. A falocracia da linguagem filosófica já não é um mistério. Batizando-a de "falocentrismo" ou "falogocentrismo",[10] Jacques Derrida, o pioneiro, submeteu-a à desconstrução questionando suas características principais: privilégio concedido à retidão, à ereção (modelo arquitetônico de tudo que fica em pé), à visibilidade, ao simbolismo do falo, e ao mesmo tempo redução da mulher à matéria-matriz, à mãe, à vagina-útero. Em filosofia, nunca se fala do prazer da mulher.

Em sua *História da sexualidade*, Michel Foucault não consagra uma só linha ao clitóris, senão para evocar aquele, "monstruoso", de um hermafrodita.[11] Afora isso, em nenhum momento ele considera seu papel no "uso dos prazeres".[12]

---

10 Como o nome indica, "falocentrismo" e "falogocentrismo" designam em Jacques Derrida o lugar central dado à simbólica do falo. Ver, por exemplo, *Glas, Que rest-t-il du savoir absolu?*. Paris: Galilée, 1974, pp. 85 ss.

11 Ver Stefanos Milkidis, "Foucault: On the Monstrosity of the Hermaphroditic Body". *Queer Cats Journal of LGBTQ Studies*, v. 2, n. 1, p. 1012. Ver também Josée Néron, "Foucault, l'Histoire de la sexualité et la condition des femmes dans l'Antiquité". *Les Cahiers de Droit*, v. 36, n. 1, 1995.

12 O volume 2 da *História da sexualidade* de Michel Foucault se debruça sobre *O uso dos prazeres* (trad. Maria Thereza Albuquerque. Rio de Janeiro: Paz e Terra, 2020).

Talvez porque seria difícil questionar totalmente, a seu respeito, "a hipótese repressiva"...[13]

Desde sua origem, e até hoje, o falogocentrismo governa o discurso filosófico ocidental.

Apesar de tudo, uma tarefa a um tempo científica e ética da filosofia sempre foi aclarar aspectos do real que, por uma ou outra razão, ficaram ocultos, enterrados, não raro reprimidos. Falar do clitóris em filosofia é, portanto, torná-lo visível. Mas como fazer isso sem camuflá-lo uma segunda vez? Como pensá-lo se a linguagem filosófica é uma excisão lógica?

Em segundo lugar, as mulheres filósofas que tentaram resolver essa contradição e introduzir o clitóris no pensamento foram criticadas, por vezes até ridicularizadas, pelas feministas da terceira e quarta geração. Em *O segundo sexo* – que muitos consideram com razão um livro de filosofia –, Beauvoir teve coragem de confrontar clitóris e concepção falando abertamente dos "dois órgãos" sexuais da mulher e da singularidade de um prazer não necessariamente ligado à reprodução. Sua abordagem, porém, foi considerada essencialista, muito presa à exploração da suposta identidade da mulher.

Depois da diferença sexual apareceram outras teorias, críticas da fixidez do gênero, da naturalidade e da binaridade. Elas abriram e continuam a abrir outros distanciamentos, entre filosofia e política, linguagens dominantes e línguas minoritárias, eurocentrismos e abordagens decoloniais. O clitóris viu-

---

13 "A hipótese repressiva", para Foucault, corresponde à representação corrente do poder como fonte de interdição e de censura – da sexualidade em particular. Foucault mostra que, na realidade, o interdito de alguma maneira cria a sexualidade que ele reprime. Ver *História da sexualidade*, v. 1, *A vontade de saber* [1976], trad. Maria Thereza Albuquerque. Rio de Janeiro: Paz e Terra, 2020, p. 11.

-se assim destituído de seu simples estatuto de "órgão genital", privilégio da mulher. O que é de fato *o* clitóris – termo masculino em francês, feminino em italiano e neutro em línguas não românicas – para um sujeito não binário, um ile que não se identifica nem com homem nem com mulher? Não chegou o momento de escapar à "fetichização do órgão e da anatomia, ao enfoque na fisiologia?", pergunta, apropriadamente, Delphine Gardey. E continua: "é o que nos sugere [...] [por exemplo] Judith Butler, questionando a concepção do corpo e do erótico que está em jogo na produção do corpo 'por partes'".[14]

Mas esses novos desenvolvimentos sobre sexualidade, gênero e corpo, por mais necessários que sejam, não exerceram, à sua maneira, uma forma de apagamento?

Por que deveríamos nos recusar a fazer o retrato do clitóris justo quando ele acaba de surgir, praticamente recém-nascido? Por que deveríamos considerar necessariamente ultrapassados os escritos de Simone de Beauvoir, ou de Luce Irigaray, ou ainda das feministas italianas radicais, como Carla Lonzi ou Silvia Federici, por exemplo? O clitóris: por que não escutar mais aquelas que tiveram pela primeira vez a audácia de deixá-lo falar?

A posição que defendo aqui é de um feminismo radical distante das *terfs* – *trans-exclusionary radical feminists* [feministas radicais transexcludentes] –, que sustentam que as lutas trans tornam invisível e inaudível a especificidade das lutas pelos direitos das mulheres.[15] Estou igualmente muito

---

14 Delphine Gardey, *Politique du clitoris*, op. cit., pp. 145–46. Ver também Judith Butler, *Problemas de gênero: feminismo e subversão da identidade*, trad. Renato Aguiar. Rio de Janeiro: Civilização Brasileira, 2003.

15 As palavras *terf* e *swerf* são frequentemente associadas. *Swerf* é o acrônimo de *sex-worker-exclusionary radical feminist*, nome de feministas que se opõem à prostituição, considerada uma forma de opressão.

longe daquelas que consideram inquestionável a binaridade sexual, condenam o que pensam ser os excessos da teoria de gênero, reprovam a homoparentalidade e continuam a fazer concessões à falocracia. Mas, por outro lado, também recuso o rechaço sistemático às feministas pré-gênero, fundadoras, precisamente, do feminismo radical.

O clitóris traz, ainda hoje, a marca de uma ferida sobre a qual as palavras vêm se quebrar como ondas, retirando-se logo em seguida. Isso não quer dizer que ele seja o lugar da falta, do significante, da letra ou do objeto a, b, c ou z. Não: é a um só tempo mais simples e mais complicado. Mesmo não sendo necessariamente de uma mulher, o clitóris ainda é o lugar enigmático do feminino. Ou seja: ele ainda não encontrou seu lugar.

Esboço aqui esse lugar por meio de uma série de traços, compostos numa simultaneidade de revelação e desaparecimento, afastados uns dos outros, provenientes de diferentes tipos de discursos, sem hierarquia nem juízo. Pode-se lê-los na ordem – eles respeitam uma cronologia do feminismo – ou aleatoriamente, pois cada um deles se remete a todos os outros.

Não procuro demonstrar nada, apenas amplificar diversas vozes e, graças a elas, me manter em equilíbrio entre a extrema dificuldade e a extrema urgência de afirmar o feminino de hoje.

Meus traços são em si mesmos pequenos clitóris de escrita. Sem representá-lo, eles desenham o estatuto de um órgão de prazer que, ainda *scrupulus,* nunca se tornou um órgão de pensamento.

2.
QUASE DEUSAS
Ninfas 1

Duas espécies de pequenos lábios chamados ninfas, porque lhes foi atribuída a função de dirigir o jato da urina, [...] ladeiam a metade superior da vulva dentro dos grandes lábios.

GEORGES CUVIER, *Leçons d'anatomie comparée*, 1805

O sentido de "ninfas" tem uma origem dupla. Divindades mitológicas, de um lado. Pequenos lábios da vulva, de outro, muitas vezes referidos, equivocadamente, como um sinônimo do clitóris. O que esconde essa confusão?

———

Quem são as ninfas?

A mitologia homérica representa as ninfas como deusas (θεαί) de uma linhagem inferior à das divindades do Olimpo, que no entanto as admitem em seu grupo para deliberar sobre algum assunto importante. Filhas de Júpiter, habitam a terra e moram nos bosques, nos cumes das montanhas, perto das nascentes dos rios, nas pradarias e nas grutas. Na *Ilíada* e na *Odisseia*, nós as vemos dançar em volta de Diana, velar pelo destino dos homens, plantar árvores, presidir à caça; também eram dignas de sacrifício, fosse em cerimônias especiais, fosse junto com Mercúrio.[1]

A imagem mais disseminada das ninfas as apresenta como jovens graciosas, forças vivas da natureza, quase deusas.

Se aparecem com mais frequência sob a forma de criaturas selvagens, perseguidas pelos sátiros, elas também são repre-

1   Eduard Adolf Jacobi, *Dictionnaire mythologique universel ou biographie mythique*, v. 1, trad. Thomas Bernard. Paris: Firmin-Didot, 1854, pp. 343–44.

sentadas como a versão feminina dos sátiros – as mênades –, famosas por suas inumeráveis aventuras eróticas. Daí a criação da palavra "ninfomania".

Como, devido a uma imprecisão anatômica, nomeou-se ninfa o que na realidade era o clitóris, a ninfômana passou a designar a criatura que ostenta um clitóris em chamas.

Entre ninfas mitológicas, recatadas ou desavergonhadas, e ninfas anatômicas, aloja-se a ninfeta, invenção de Nabokov para sua Lolita. "Entre os nove e os catorze anos de idade, ocorrem donzelas que, a certos viajantes enfeitiçados, duas ou muitas vezes mais velhos do que elas, revelam sua verdadeira natureza que não é humana, mas nínfica (isto é, demoníaca); e essas criaturas predestinadas proponho designar como 'ninfetas'."[2]

Com um traço imaturo, a ninfeta, figura contemporânea da ninfa mitológica, lembra o estado do inseto em mutação, intermediário entre a larva e o adulto, também chamado ninfa ou estágio ninfal. Jovem de charme perturbador, provocante, ela desperta o desejo pela sinonímia com o que se esconde, ameaçador, atraente, entre seus lábios, alguém cujo nome silenciamos.

Há uma característica que reúne todas essas ninfas, ninfetas, ninfômanas. Delas se diz que nunca atingem o prazer. O prazer permanece cativo de sua crisálida.

A ninfa, como não goza, é a fantasia erótica por excelência. Mulher ideal, não possui clitóris.

Permitam-me começar por um pequeno desvio a fim de analisar esse apagamento.

2 Vladimir Nabokov, *Lolita* [1955], trad. Sérgio Flaksman. Rio de Janeiro: Alfaguara, 2011, p. 23.

3.
IMAGENS SEM SEXO: BOCCACCIO, WARBURG, AGAMBEN
Ninfas 2

Em seu pequeno livro *Ninfas*,[1] Giorgio Agamben revela a natureza verdadeira da ninfa: ela é imagem.

O livro empreende uma fascinante viagem no tempo que, partindo de Bill Viola, remonta a Boccaccio e se detém em Aby Warburg. De onde vem, pergunta Agamben durante o percurso, a conhecida cesura entre a imagem da mulher (musa, ninfa) e a mulher real? No centro da poesia medieval, essa cesura não cessou de governar o imaginário ocidental, a ponto de ainda assombrar a arte contemporânea.

Em Boccaccio, a ninfa "é a figura por excelência do objeto de amor"[2] porque ela é precisamente imagem. A amada, que o amante carrega sempre consigo, dissimulada em uma joia ou em uma bolsinha, representada em um retrato ou escondida em um poema ou um brasão, é desejável por ter perdido o corpo. O amante pode assim interiorizá-la, guardá-la em pensamento. A ninfa é a mulher convertida em ideia. Para Boccaccio, a quintessência dessa ideia é a ninfa florentina.

Assim, a ninfa abriga uma ambiguidade fundamental, uma simultânea união e desunião da fantasia da mulher e da própria mulher. Como o inseto em formação, ela fica a meio caminho entre a larva e a vida plena.

> Se '*ninfale*' é aquela dimensão poética na qual as imagens (que 'não mijam') deveriam coincidir com as mulheres reais, então a ninfa florentina continua prestes a se dividir segundo suas duas polaridades opostas, ao mesmo tempo demasiado viva e inanimada, sem que o poeta consiga mais conferir-lhe uma vida unitária.[3]

1 Giorgio Agamben, *Ninfas*, trad. Renato Ambrosio. São Paulo: Hedra, 2012.
2 Ibid., p. 55.
3 Ibid., pp. 57–58.

A ninfa-imagem é assim, em sua ambivalência, "sublime ou farsesca fratura" "entre o mundo sensível e o pensamento", o berço da literatura. Ela é como a aura do real, sua dimensão fantástica, para sempre inacabada. Imagem e corpo vivo não podem se unir. Essa imagem, de fato, não tem sexo.

Quanto a Paracelso, "a ninfa se insere na doutrina bombastiana dos espíritos elementares (ou criaturas espirituais), cada um dos quais está ligado a um dos quatro elementos: a ninfa (ou ondina) à água, os silfos ao ar, os pigmeus (ou gnomos) à terra, e as salamandras ao fogo".[4] Tais criaturas são em todos os aspectos semelhantes às criaturas humanas, parecem-se com elas fisicamente, mas a diferença fundamental é que também "não têm alma". Como as larvas, ainda não são animadas. "Somente no encontro com o homem as imagens inanimadas adquirem alma, tornam-se verdadeiramente vivas."[5] Assim, as ninfas devem consumar a relação amorosa para despertar para a vida e sair da imagem.

Mas essa consumação permanecerá sempre impossível. Como fazer amor com uma imagem? "São mulheres as Musas", escreve Boccaccio. "E, ainda que as mulheres não tenham o valor das Musas, ainda assim aquelas possuem, no aspecto, semelhanças com estas."[6] Parecem-se com elas mas falta-lhes algo... Boccaccio recorre a uma nova imagem. "É verdade que todas são mulheres, mas não *mijam*."[7]

A Musa-ninfa, desprovida de alma e de corpo real, é também desprovida de... de quê? Como a anatomia incipiente da época não permitia distinguir muito bem entre clitóris, lábios,

---

4   Apud ibid., p. 50.
5   Ibid., pp. 53–54.
6   Apud ibid., p. 57.
7   Ibid.

vagina e uretra, Boccaccio reduz a vulva à micção. As ninfas são mulheres que "não mijam".[8] Agamben considera que Boccaccio, ao se exprimir assim, dá mostras de uma "crua caracterização", de um realismo bruto.[9]

Realismo mesmo? Se é verdade que as ninfas só ganham vida ao se unir sexualmente a um homem, então a cópula vai animá-las fazendo-as urinar? Realismo, essa confusão entre urinar e gozar? É isto que significa "as ninfas não mijam": as ninfas não gozam. Elas não têm sexo antes de o homem se aproximar delas. E esse sexo, no imaginário masculino, é dotado de uma anatomia fantasiosa.

Não será surpresa saber que Boccaccio desenvolve uma "crítica feroz às mulheres" e prefere as ninfas, desprovidas de humores, menos ameaçadoras.

E alguns séculos depois? Para o próprio Agamben, por exemplo? O clitóris e a vulva retomam seu lugar? A mulher real retoma seus direitos?

O filósofo evoca uma única vez o sentido anatômico das ninfas, em um breve parêntese que menciona furtivamente a ninfomania. Voltando a Paracelso, Agamben escreve: "Aqui Paracelso se vincula a outra tradição mais antiga, que associava indissoluvelmente as ninfas ao reino de Vênus e à paixão amorosa (e que está na origem tanto do termo psiquiátrico 'ninfomania' como, talvez, na origem do termo anatômico *nymphae*, que designa os pequenos lábios da vagina)".[10]

As *nymphae* designavam também o clitóris. Disso, tampouco Agamben diz coisa alguma.

---

8   Apud ibid., p. 58.
9   Ibid.
10 Ibid., p. 52.

A ninfa confunde-se com a ausência do clitóris, que nunca é nomeado nem restituído a sua realidade, à exatidão morfológica do sexo da mulher. O "monte de Vênus", tão caro a Paracelso, abriga o enigma de um eclipse.

Mais tarde, Aby Warburg prolonga esse enigma. "Ninfa" é o nome que ele dá a uma das "fórmulas de páthos" (*Pathosformeln*). As "fórmulas de páthos" constituem a língua gestual das paixões "da humanidade ocidental".[11] O grande historiador da arte reúne seus arquétipos no *Atlas Mnemosyne* – obra em que trabalha sem descanso de 1921 a 1929, na qual "Ninfa" é o número 46. Esse número corresponde a uma prancha que "contém 26 fotografias, desde um baixo-relevo longobardo do século VII ao afresco de Ghirlandaio que está na igreja Santa Maria Novella [...]".[12] Agamben pergunta: "Onde está a ninfa? Qual de suas 26 epifanias é ela? Faremos uma leitura equivocada do atlas se procurarmos entre essas epifanias algo como um arquétipo ou um original do qual as outras derivariam".[13]

A ninfa está por toda parte e em lugar nenhum; sem esgotá-la, ela atravessa a diversidade de seus fenômenos, que constituem a rigor seu ser imaginário ou imaginal. Mas essa profusão nada revela do lugar da ardência que dorme entre suas pernas. De seu sexo, Warburg não fala. As ninfas da ninfa não são nomeadas. Não se fala mais da ninfomania. Nada do desejo. Nada dos lábios, nada do clitóris que eles abrigam. Nada do prazer. Imagem mais abstrata ainda que em Boccaccio. A vida das ninfas agora é apenas uma vida "histórica". "Nós estamos habituados a atribuir a vida somente ao corpo biológico.

---

11 Ibid., p. 60.
12 Ibid., pp. 28–29.
13 Ibid., p. 29.

Ninfal, por sua vez, é uma vida puramente histórica."[14] O livro de Agamben se conclui nessa ausência de conclusão.

Ao nomear "ninfa" ao clitóris, os anatomistas tinham uma ideia precisa do que designavam? Para eles, a vulva não era o que ainda é, com toda certeza, para muito contemporâneos – filósofos em particular –, a saber, a origem indistinta do prazer, da reprodução e da micção, tudo junto? Sem dúvida, a vida não é privilégio apenas dos corpos biológicos. Mas, para isso, é necessário não os privar de vida.

14 Ibid., p. 61.

4.
NADJA SEM O SER, BREVE OBSERVAÇÃO SOBRE A "MULHER OBJETO DE AMOR"
Ninfas 3

Eu certamente não teria lido o texto de Agamben da mesma maneira se Beauvoir, com sua análise incisiva da "mulher objeto de amor" em *O segundo sexo*, não tivesse despertado minhas suspeitas a respeito dessa ninfa dos escritores e dos poetas. A "mulher objeto de amor" está no centro do capítulo "Os mitos", no qual Beauvoir liga intimamente a mitologia ao mistério e o mistério à mistificação. A mitologia da ninfa, o mistério da imagem da mulher, são expressões da fantasia masculina da escultura. A ninfa é essa matéria maleável que o homem molda a seu bel--prazer. "Um dos devaneios em que o homem se compraz", escreve Beauvoir, "é o da impregnação das coisas pela sua vontade, da moldagem das formas, da penetração da subsistência delas. A mulher é por excelência a argila que se deixa passivamente malaxar e moldar [...]."[1] A "imagem" da mulher, a ninfa, é o resultado dessa moldagem. A Musa não é nada mais do que isso. "As Musas são mulheres",[2] escreve Beauvoir, mas são mulheres melhoradas, porque não mijam nem gozam, isto é, na realidade, não têm autonomia. "A Musa não cria nada por si mesma".[3]

Seguem-se as leituras de poetas apaixonados por suas ninfas. Sensibilizou-me o caso de André Breton em particular. Totalmente entregue à beleza de *Nadja*, eu nunca havia notado a que ponto Breton permanecia fiel à tradição ninfal nesse livro.[4] Nadja é, para ele, próxima da ninfa mitológica, "um gênio livre", escreve, "algo como um desses espíritos do ar".[5] Todavia, como Beauvoir

---

1   Simone de Beauvoir, *O segundo sexo*, trad. Sérgio Milliet. Rio de Janeiro: Nova Fronteira, 2020, v. 1. p. 242.

2   Ibid., p. 249.

3   Ibid.

4   Ver André Breton, *Nadja* [1928], trad. Ivo Barroso. São Paulo: Cosac Naify, 2011.

5   Ibid., p. 102. Apud S. de Beauvoir, v. 1, p. 308.

observa com toda razão, "ela abre as portas do mundo suprarreal mas é incapaz de dá-lo".[6] Ela é, no melhor dos casos, "um oráculo que se interroga".[7] "Mulher privada de seu equilíbrio humano",[8] mulher-criança, ela só se torna poeta... pela graça do poeta.

Seguimos todos os volteios e mergulhos da ondina que pouco a pouco toma corpo nas ondas da escrita à medida que seu Pigmaleão a molda e desfruta. A ela, porém, o prazer é recusado. A ele, nenhuma menção é feita, a poesia se detém no limiar de sua emoção. A ninfa, a Musa é "[t]udo exceto ela mesma".[9] Se "ela não tem outra vocação senão o amor",[10] ninguém se pergunta se, por sua vez, ela se apaixona, se ela se apega corporalmente a esse jogo erótico. Se goza por se ver amada nas palavras e nas imagens.

Às vezes, então, a poesia ninfal, até mesmo surrealista, amordaça a crisálida que diz tanto estimar.

Entre janeiro de 1928 e agosto de 1932, os surrealistas praticaram um jogo da verdade sexual. Breton provocou seus amigos da seguinte maneira: "Em que medida Aragon considera necessária a ereção para a consumação do ato sexual?", ou ainda: "Marcel Noll sabe onde fica o clitóris?".[11]

Breton certamente sabia onde ele ficava, mas não o submeteu a esse jogo da verdade nem lhe deu a palavra.

As ninfas dos filósofos e dos poetas se unem na noite de um mesmo silêncio.

6 Ibid.
7 Ibid.
8 Ibid., p. 312
9 Ibid., p. 313.
10 Ibid.
11 José Pierre (org.), *Archives du surréalisme*, v. 4: *Recherches sur la sexualité*. Paris: Gallimard, 1991, p. 72.

5.
ANATOMIA POLÍTICA

Retorno ao real. Todas as fêmeas mamíferas têm um clitóris. Nas quadrúpedes, fica perto da vagina e, portanto, é estimulado pela penetração. O acasalamento desencadeia o orgasmo e a ovulação ao mesmo tempo. "A repartição dos mecanismos ovulatórios entre os mamíferos atuais indica [...] que a ovulação induzida pela cópula representa o modelo de origem", declara um biólogo.[1] No curso da evolução, "devido à retificação vertical da bacia, o clitóris tornou-se um órgão anterior, visível, acessível pela frente".[2] Na mulher, portanto, o clitóris não está (ou já não está) situado na entrada da vagina. Afastou-se dela. A ovulação espontânea, desencadeada de maneira autônoma e cíclica sem necessidade de relação sexual, é uma inovação tardia da evolução. À diferença do orgasmo masculino, o orgasmo feminino não tem função direta na reprodução. "Depois de ter desempenhado um papel preponderante na ovulação, ele meio que perdeu essa função nas mulheres para se tornar nada além de uma fonte de prazer."[3]

Afastamento entre clitóris e vagina. Mas trata-se somente de um fato anatômico? Se fosse o caso, será que não saberíamos mais sobre o orgasmo em geral, inclusive sobre o orgasmo animal, do qual conhecemos quase nada? A questão específica do orgasmo feminino prova de modo particularmente sensível que biologia e política são indistinguíveis. Com efeito, por trás dos debates relativos à distância entre clitóris e vagina, orgasmo e reprodução, reside, na realidade, o problema levan-

---

1 Pierre-Henri Gouyon apud Lise Barneoud, "Orgasme féminin: on sait d'où il vient". *Science et Vie*, n. 1228, jan. 2020, p. 106.
2 Gérard Zwang, Éloge *du con, défense et illustration du sexe féminin*. Paris: La Musardine, 2008, p. 48.
3 "Orgasme féminin: un mystère de l'évolution enfin résolu?". *Science et Avenir*, 3 ago. 2016.

tado pela autonomia do prazer da mulher. Existe, então, um prazer *para nada*? Com que direito se concederia esse privilégio ao único mamífero que pode reivindicar o prazer? Constatar essa exceção não basta para aceitá-la. A autonomia do prazer da mulher teve e terá – talvez sempre – que ser defendida, argumentada, construída.

Isso fica evidente pela batalha contínua sobre a questão de saber se o prazer sexual feminino existe independentemente da reprodução. Em um artigo de título sugestivo, "The Truth about the Clitoris: Why It's not just Built for Pleasure" [A verdade sobre o clitóris: por que ele não é feito apenas para o prazer], a jornalista britânica Zoe Williams escreve:

> Temos finalmente os resultados. Um estudo publicado na *Clinical Anatomy* demonstra que o clitóris tem, sim, um papel importante na reprodução, ativando uma série de efeitos cerebrais [...]: aumento do fluxo sanguíneo, elevação da taxa de oxigênio e da temperatura da vagina, aumento da lubrificação, mudança de posição do colo do útero, que paradoxalmente retarda o esperma incrementando sua motilidade.[4]

A lógica evolutiva adaptativa não teria, portanto, perdido seus direitos nessa área. Todos os meios ainda são bons para reconduzir o prazer feminino a uma pretendida "funcionalidade".

O privilégio teórico do clitóris em relação a outras partes da vulva e à própria vulva, sua fetichização metonímica (a parte

---

4   Zoe Williams, "The Truth about the Clitoris: Why It's not just Built for Pleasure". *Guardian*, 6 nov. 2019. Ver também Roy J. Levin, "The Clitoris: An Appraisal of Its Reproductive Function During the Fertile Years: Why Was It, and Still Is, Overlooked in Accounts of Female Sexual Arousal". *Clinical Anatomy*, v. 33, n. 1, 5 nov. 2019.

pelo todo), explicam-se pelo fato de ele simbolizar a independência desse prazer. Torna-se o elemento principal que permite construir a sexualidade feminina, considerar as mulheres sujeitos sexuais completos, que "cessam de estar casados com o pênis ou com a lei...".[5] Reconduzir o prazer a fins reprodutivos é o mesmo que negá-lo.

Ao mesmo tempo, o reconhecimento afirmativo da autonomia do clitóris também foi fonte de angústia e conflito. O que fazer, certas mulheres se perguntaram, quando não há prazer vaginal? Quando o clitóris se torna independente *demais* e condena a mulher a permanecer "fria" durante a penetração? A psicanalista Marie Bonaparte decidiu justamente remediar sua frigidez e não hesitou em recorrer à cirurgia. Considerando seu clitóris afastado demais da vagina, em 1927 ela pediu que o professor Halban, médico vienense, efetuasse seu reposicionamento. Como ainda não conseguisse ter prazer, ela resolveu se submeter a duas novas intervenções, em 1930 e 1931. Resultado nulo em ambas. Marie, todavia, continuou a sustentar que, na mulher em geral, a distância entre os dois órgãos é demasiado grande – o que ela se empenhou em demonstrar no artigo "Considérations sur les causes anatomiques de la frigidité chez la femme" [Considerações sobre as causas anatômicas da frigidez na mulher], publicado sob o pseudônimo de A. E. Narjani. O estudo discute uma amostra de "duzentas mulheres tomadas ao acaso na população parisiense", nas quais se mede com rigor "a pequena região triangular" para em seguida determinar

---

5   Paula Bennett, "Critical Clitodirectomy: Female Sexual Imagery and Feminist Psychoanalytical Theory". *Signs*, n. 18, 1993, p. 257, apud Valerie Traub, "The Psychomorphy of the Clitoris", op. cit. p. 100.

a distância dessa região em relação à vagina.[6] "O problema da frigidez da mulher continua envolto em muita obscuridade", escreve a psicanalista. "No entanto, em todos os lugares e em todos os tempos se intensificaram as lamúrias de mulheres às quais nem a suprema carícia do amor consegue satisfazer".[7]

Com suas experiências, Marie Bonaparte também queria convencer Freud, "*le grand exciseur*" [o grande excisor], da impossibilidade de renunciar à fase clitoridiana. Freud considerava de fato que a evolução sexual normal da mulher passava pelo abandono do estádio clitoridiano do prazer em prol do estádio vaginal, de acordo com a função reprodutora da sexualidade. Marie tentou responder, em sua defesa, que sem o clitóris não há gozo, a vagina sozinha permanece muda. Então por que não tentar dar artificialmente à vagina insensível um pouco do ardor clitoridiano, sem esperar uma improvável maturação? Freud mal deu ouvidos. A intervenção cirúrgica, portanto, veio inutilmente redobrar o apagamento do prazer.

Reduzir a distância é impossível.

6   A. E. Narjani (Marie Bonaparte), "Considérations sur les causes anatomiques de la frigidité chez la femme". *Revue Bi-hebdomadaire des Sciences Médicales et Chirurgicales*, v. 27, n. 4, abr. 1924.

7   Ibid.

6.
A "EXISTÊNCIA SEXUAL" SEGUNDO SIMONE DE BEAUVOIR

Com *O segundo sexo*, a vulva faz sua estreia na filosofia. Com Sartre, a sexualidade tinha alcançado a dignidade de uma categoria de pensamento. *O ser e o nada*, publicado em 1943, pôs em evidência a relação entre sexualidade e existência, que ninguém ainda havia explorado. Sartre escreve:

> As filosofias existenciais não acreditaram na necessidade de preocupar-se com a sexualidade. Heidegger, em particular, a ela não dedica a menor alusão em sua analítica existencial, de sorte que seu "Dasein" nos aparece como assexuado. E, sem dúvida, pode-se considerar, com efeito, uma contingência para a "realidade humana" especificar-se como "masculina" ou "feminina"; sem dúvida, pode-se dizer que o problema da diferenciação sexual nada tem a ver com o da Existência (*Existenz*), posto que o homem, tal como a mulher, "existe", nem mais nem menos. Tais razões não são em absoluto convincentes.[1]

E Sartre dedica longas páginas ao desejo, mencionando, de passagem, "a ereção do pênis e do clitóris" e afirmando que a sexualidade, longe de ser um "acidente contingente", é "uma estrutura necessária do ser-Para-si-Para-outro".[2]

Se Beauvoir elogia o notável progresso que constituem essas análises, ao mesmo tempo não deixa de detectar um problema maior: como evitar que essa conceitualização da sexualidade não culmine, apesar de tudo, em uma desencarnação? A prova é que a sexualidade para Sartre não passa de uma nova versão da dialética hegeliana comumente conhecida como a do senhor

---

1 Jean-Paul Sartre, *O ser e o nada: ensaio de fenomenologia ontológica*, trad. Paulo Perdigão. Petrópolis: Vozes, 2007, p. 477.
2 Ibid., p. 478.

e do escravo. Uma suspeita que a leitura de Merleau-Ponty apenas reforça. Em *Fenomenologia da percepção*, ele também inscreve a sexualidade na luta. "O pudor e o despudor", ele escreve a respeito da nudez no ato sexual, "têm lugar em uma dialética do eu e do outro que é a do senhor e do escravo."[3]

Como compreender isso? Ao mesmo tempo que afirmam a importância da sexualidade, os filósofos existencialistas veem nela a expressão de um dilema. Dilema da liberdade e do desejo. "O homem não poderia ser ora livre, ora escravo: é inteiramente e sempre livre, ou não o é",[4] afirma Sartre. O problema é que o desejo reintroduz a necessidade no seio da liberdade absoluta da existência. O desejo, como mostrou Hegel, é necessariamente alienante. Tende sempre à apropriação do outro, a sua transformação em coisa, seu consumo, seu aniquilamento. "Não basta [...]", escreve Sartre, "que a turvação faça nascer a encarnação do Outro: o desejo é desejo de se apropriar desta consciência encarnada. Portanto, prolonga-se naturalmente, não mais por carícias, mas por atos de preensão e penetração."[5]

Beauvoir logo compreende que se o Outro, em teoria, se refere aos dois sexos, nesse jogo do desejo a mulher é mais frequentemente escrava que senhor. Uma escrava que, ademais, suscita aversão e terror. "A obscenidade do sexo feminino é a de qualquer coisa que seja *escancarada*: é um *chamado de ser*, como o são, aliás, todos os buracos", afirma Sartre; "em si, a mulher chama uma carne estranha que deve transformá-la em plenitude de ser por penetração e diluição. E, inversamente, a

---

3   Maurice Merleau-Ponty, *Fenomenologia da percepção*, trad. Carlos Alberto de Moura. São Paulo: WMF Martins Fontes, 2011, p. 230.

4   J.-P. Sartre, *O ser e o nada*, op. cit., p. 545.

5   Ibid., p. 494.

mulher sente sua condição como um chamado, precisamente porque é 'esburacada'".[6]

Opondo-se nitidamente a tais declarações, Beauvoir realiza o gesto decisivo que consiste em deslocar o estudo fenomenológico-existencial da sexualidade – o de Sartre e de Merleau-Ponty – para uma "filosofia da existência sexual", uma filosofia da sexualidade vivida, que reavalia em profundidade a questão do corpo desejante. Beauvoir não abandona, mas transforma a fenomenologia, essa descrição rigorosa dos seres e das coisas não tais como são, mas tais como aparecem. Não podemos compreender o que é a sexualidade se não percebermos antes de tudo que ela é também um fenômeno, uma manifestação. A sexuação, o que chamaríamos hoje formação do gênero, não ocorre uma vez, mas se estende ao longo de toda uma vida em uma série de aparições sucessivas do corpo a si mesmo e aos outros. Não existe o corpo sexuado, existe a incorporação do sexo.

Ora, esta não pode ser a mesma para os dois sexos, o que não supõe absolutamente um combate de vida ou morte. Beauvoir não desconstrói a binaridade de gênero, mas faz dela um instrumento de resistência – resistência ao conceito de um Outro ainda uniformemente masculino demais. "Já dissemos que o homem só se pensa pensando o Outro: apreende o mundo sob o signo da dualidade [...]. Mas, naturalmente, sendo diferente do homem que se põe como o Mesmo, é na categoria do Outro que a mulher é incluída; o Outro envolve a mulher [...]", ela escreve.[7] Todo o esforço do *Segundo sexo* consiste então em livrar a mulher do peso da alteridade que apaga sua singularidade.

6   Ibid., p. 748.
7   Simone de Beauvoir, *O segundo sexo*, op. cit., v. 1, p. 104.

O livro desenvolve a gênese da incorporação sexual da mulher e liga sua morfologia a seu devir-sujeito. O famoso "não se nasce mulher, torna-se mulher" é uma resposta ao que Sartre analisa como um fato sem história: a anatomia feminina seria escancaramento, falta, incompletude. Não, o corpo da mulher tem sua própria plenitude pois ele aparece para si mesmo no ritmo da variação de suas formas. Seu sexo é uma figura que vai adquirindo precisão ao longo de uma sequência de esboços de que o espelho é cúmplice. Esboço da criança, da jovem, da mulher madura, da mulher idosa. Juventude, idade madura, velhice não são simples fatos, mas modos de existir. A pessoa "tem" sua idade, mas "é" jovem ou menos jovem, e esse "ser" coincide com a maneira como o corpo fala ao mundo e como o mundo responde. "Ser esburacada", por sua vez, não pertence a nenhum mundo, *não existe*, simplesmente. E o desejo não é fundamentalmente mortífero nem alienante. É a reverberação, o espelhamento da constituição de um corpo. Beauvoir fez o indispensável: deslizar de modo imperceptível da sexualidade ao erotismo. E reconhecer nesse movimento o lugar do grande esquecido, o clitóris.

Tal erótica existencial passa também necessariamente por uma crítica a Freud. "Freud", diz Beauvoir, "não se preocupou muito com o destino da mulher; é claro que calcou a descrição do destino feminino sobre o masculino, restringindo-se a modificar alguns traços."[8] Ele declara, aliás, que "a libido é de maneira constante e regular de essência masculina, surja ela no homem ou na mulher". O que significa que ele "recusa-se a pôr a libido feminina em sua originalidade".[9] Segundo Freud,

8 Ibid., p. 68.
9 Sigmund Freud apud ibid.

a mulher é, como será depois para Sartre, um homem mutilado. Para eles, o clitóris é, e não passa de, mais uma vez, um pequeno pênis. Reduzido, cortado, castrado.

Beauvoir evidentemente discorda dessas afirmações. À sua maneira, ela contesta os qualificativos "vaginal" ou "clitoridiano". As "categorias 'clitoridiana' ou 'vaginal', como as categorias 'burguesa' ou 'proletária'", ela escreve, "são igualmente impotentes para encerrar uma mulher concreta".[10] Apesar de tudo, *O segundo sexo* esbarra ainda no caráter bifronte do prazer feminino: "Um dos grandes problemas do erotismo feminino está em que o prazer clitoridiano se isola. É somente no momento da puberdade, em ligação com o erotismo vaginal, que se desenvolvem no corpo da mulher várias zonas erógenas."[11] Se o prazer clitoridiano não deve desaparecer, se ele é uma manifestação inevitável, irredutível, da incorporação, ele só se realiza plenamente em sua relação com o prazer vaginal, ao qual deve por fim conceder a supremacia.

O segundo sexo deve muito à *Psicologia das mulheres* (1947) de Helene Deutsch, psicanalista polonesa freudiana ortodoxa que emigrou para os Estados Unidos.[12] Beauvoir, que se refere várias vezes a seu trabalho,[13] compartilha com Deutsch a ideia de que a complexidade da sexualidade feminina se deve à relação entre seus dois órgãos. Ora, para Beauvoir, as-

---

10 Ibid., p. 90.

11 Ibid., p. 71.

12 Cf. Helene Deutsch, *The Psychology of Women*. New York: Grune & Stratton, 1944.

13 Ver, sobre esse ponto, Marie-Andrée Charnonneau, "La Sexualité féminine chez Simone de Beauvoir et Hélène Deutsch". *Simone de Beauvoir Studies*, v. 21: *Coast to Coast with Simone de Beauvoir*. Brill, 2004–05, pp. 43–53.

sim como para Deutsch – e para Freud –, essa relação só pode ser de progresso. Deutsch retoma a ideia do complexo de castração feminino devido à "ausência de um órgão".[14] Por esse motivo, na menina, "a atividade inibida aceita voltar-se para a passividade"; o clitóris, que é o órgão ativo, deve aceitar a dominação paradoxal do órgão passivo, a vagina. Daí a definição da "mulher feminina": "Uma verdadeira mulher não frígida é aquela que logrou estabelecer a função materna da vagina e abandonou as reivindicações do clitóris."[15]

O defloramento, observa Beauvoir, nem sempre proporciona o prazer esperado. "Toca-se aqui no problema crucial do erotismo feminino":[16] o começo da vida erótica é necessariamente clitoridiano, à espera de seu futuro vaginal, prazer que supostamente deve revelar-se com a penetração. Ora,

> vimos que o defloramento não é uma feliz realização do erotismo juvenil; é, ao contrário, um fenômeno insólito; o prazer vaginal não se verifica imediatamente; segundo as estatísticas de Stekel – que numerosos sexólogos e psicanalistas confirmam –, somente 4% das mulheres sentem prazer desde o primeiro coito; 50% não atingem o prazer vaginal antes de semanas, meses, e até anos. Os fatores psíquicos desempenham nisso um papel essencial.[17]

E "a atitude do homem tem, portanto, enorme importância".[18] Se ele for violento ou demasiado brutal em seu desejo, o or-

---

14 Helene Deutsch, *The Psychology of Women*, op. cit., p. 230.
15 Id., apud Marie-Andrée Charnonneau, "La Sexualité féminine chez Simone de Beauvoir et Hélène Deutsch", op. cit., p. 49.
16 S. de Beauvoir, *O segundo sexo*, op. cit., v. 2, p. 148.
17 Ibid.
18 Ibid., p. 149.

gasmo vaginal não ocorrerá. E "o rancor é a mais frequente causa da frigidez feminina".[19] Apesar de tudo, é evidente que, se tudo correr bem, se o homem se mostrar paciente e compreensivo, a transferência de poder entre os dois órgãos ocorrerá da melhor forma...

Seria injusto, contudo, assimilar as análises de Beauvoir às de Deutsch. Beauvoir pensa a relação entre clitóris e vagina como uma relação política, a expressão de uma desigualdade entre um sujeito que tem dois órgãos e um sujeito que só tem um. Nas sociedades patriarcais, ter somente um é um privilégio. Por isso a mulher se vê obrigada a abandonar um dos seus. A crítica a essa situação é inequívoca. Mas há na autora do *Segundo sexo* uma espécie de descompasso entre o avanço político de suas ideias e sua visão da anatomia feminina. Clitóris e vagina continuam a desempenhar seus papéis tradicionais, enquanto a reflexão crítica os transgride.

Como suprimir a divisão entre atividade clitoridiana e passividade vaginal, prazer e reprodução? Como se distribui, entre pensamento e sexualidade, a relação entre mandar e obedecer?

Beauvoir não teria reintroduzido, no seio mesmo da intimidade feminina, a relação do senhor e do escravo que ela queria excluir da sexualidade?

Filosofia e psicanálise são a um só tempo um recurso e um obstáculo. Não existe feminismo que não tenha tido e ainda não tenha de abrir seu caminho ao mesmo tempo com e contra elas. *O segundo sexo* atesta, com uma inteligência desigual, a aridez de tal evidência.

19 Ibid.

7.
DOLTO, LACAN E A "RELAÇÃO"

> [...] *da maior importância que a menina faça o 'seu luto' pela morte dos seus fantasmas masturbatórios clitorianos.* [...] *A solução feliz é o investimento vaginal.*
>
> FRANÇOISE DOLTO, *Psicanálise e pediatria*, 1971

E quanto às mulheres psicanalistas atualmente? É possível avaliar hoje a dificuldade que representava para elas, por exemplo, a tentativa de falar publicamente da sexualidade feminina no século passado, pouco antes da famosa liberação sexual? Como em um sonho, tento imaginar Françoise Dolto em 1960, já de idade madura, trêmula de apreensão, quando Jacques Lacan lhe confia a tarefa de apresentar um relatório sobre o tema no congresso de Amsterdã. Ela o fará, sob o título *Sexualidade feminina: a libido genital e seu destino feminino*.[1] Título e subtítulo que, segundo ela, lhe foram impostos.

O texto do relatório é longo, a voz, abafada. Dolto não está completamente à vontade. Faz malabarismos, dá voltas, circula, exalta-se e caminha num campo minado. "[Fui incumbida]. Os franceses ainda não estavam dispostos a escutar um relatório preparado por uma mulher."[2]

O congresso tinha sido objeto de longos preparativos, Daniel Lagache e Lacan trabalhavam nele havia dois anos. O texto desses preparativos, "Diretrizes para um congresso

---

1 Cf. Françoise Dolto, *Sexualité féminine: La libido génitale et son destin féminin*. Paris: Gallimard, 1996 [ed. bras.: *Sexualidade feminina: libido, erotismo, frigidez*, trad. Roberto Cortes de Lacerda. São Paulo: Martins Fontes, 1989].

2 Id., "Dialogue préliminaire", in ibid., p. 34.

sobre a sexualidade feminina", é publicado em *Escritos*.[3] O relatório de Dolto segue suas linhas gerais.

A questão da sexualidade feminina, no centro do debate desde os anos 1920, havia levado a psicanálise a uma série de impasses. Aliás, será que chegou a se livrar deles? Em todo caso, Dolto teve de encontrar um caminho e uma voz em meio aos diversos blocos teóricos já solidamente constituídos. E isso em uma Sociedade Francesa de Psicanálise dilacerada por lutas intestinas.

Havia pelo menos quatro desses blocos. E todos, absolutamente todos, cristalizados, fossilizados em torno dos dois acólitos, amigos e inimigos: o clitóris e a vagina. Depois de Freud, a relação misteriosa desses dois órgãos era, como ele denominou, o "continente negro" da psicanálise, um continente muitas vezes explorado desde então, mas cujo mistério se mantém.

Primeiro bloco, Freud: monismo sexual, essência fundamentalmente masculina da libido, ignorância da existência da vagina pela menina, clitóris como homólogo menor do pênis, construção da teoria fálica da sexualidade. Em torno de Freud, um segundo bloco, o de suas discípulas reunidas em Viena, que compartilham suas teses, adaptando-as a seus próprios pontos de vista. Consiste de Helene Deutsch, Jeanne Lampl de Groot, Ruth Mack Brunswick, Marie Bonaparte e Anna Freud. Um terceiro bloco congrega as discípulas dissidentes, Karen Horney, Melanie Klein e Josine Müller, estabelecidas em Londres em torno de Ernst Jones. Apoiando-se em observações clínicas, elas se opõem a Freud sobre a questão da "inveja do pênis". O caráter dessa inveja é, segundo elas, secundário e defensivo.

---

3   Jacques Lacan e Daniel Lagache, "Diretrizes para um congresso sobre a sexualidade feminina", in *Escritos*, trad. Vera Ribeiro. Rio de Janeiro: Zahar, 1998, pp. 734–45.

O "sentimento da vagina" é contemporâneo do desejo clitoridiano. Ele existe muito cedo na menina e não se reduz à passividade da espera do macho.

Enfim, obviamente, em quarto lugar, o enorme bloco Lacan. As ideias do *Seminário 19 – ... ou pior*, esclarecem retrospectivamente o quadro em que Dolto tentaria situar seu discurso: o desprezo pelo feminismo em geral e por Beauvoir em particular. Desprezo que Lacan nunca escondeu e do qual, aliás, tinha um orgulho evidente.

Ele evoca, no seminário, sua conversa malograda com Simone de Beauvoir:

> [...] uma autora célebre que, na época e em razão de não sei que orientação, já que eu ainda não havia começado a ensinar, julgou que devia se reportar a mim antes de escrever *O segundo sexo*. Ela me telefonou para dizer que precisava de meus conselhos para lhe dar esclarecimentos sobre o que deveria ser contribuição psicanalítica para seu livro.[4]

Lacan jamais dará esses "conselhos". Ele continua:

> Como lhe assinalei que seriam necessários uns bons cinco ou seis meses para que eu elucidasse a questão [...], ela me observou que era inconcebível que um livro já em processo de execução esperasse tanto tempo, e as leis da produção literária eram tais que lhe parecia fora de cogitação ter mais de três ou quatro conversas comigo. Ao que declinei dessa honra.[5]

---

4 J. Lacan, *O seminário 19 – ... ou pior*, trad. Vera Ribeiro. Rio de Janeiro: Zahar, 2012, p. 93.
5 Ibid.

A falta de tempo por si só não justifica essa recusa. Lacan discordava da tese de Beauvoir, contida no título de seu livro.

O que isso significa? A sexualidade não é para Lacan uma troca, uma relação entre dois seres, mas uma função que obedece inteiramente à lei da linguagem. Ele retoma no seminário sua formulação provocadora: "Não existe relação sexual". A palavra "relação", aqui, é mais importante talvez que a palavra "sexual". "Não existe relação sexual" significa, entre outras coisas, que o homem e a mulher não são destinados um ao outro, como os animais, orientados um para o outro por um instinto que seria justamente o instinto sexual. Ser homem ou mulher, dito de outra forma, não é da ordem da natureza. Meninos e meninas diferem dos filhotes de leão, que, machos ou fêmeas, "são absolutamente semelhantes em seu comportamento".[6] "Vocês, não", continua Lacan, dirigindo-se a sua audiência, "porque é justamente como significantes que vocês se tornam sexuados".[7] A diferença entre os animais e os humanos é que os humanos têm de falar o sexual, escrevê-lo, pensar nele, contá-lo a si mesmo, fantasiá-lo. O discurso amoroso é uma modalidade fundamental da experiência erótica. "A relação sexual, é preciso reconstituí-la por um discurso."[8] Ora, essa necessidade do discurso apaga precisamente o aspecto relacional do ato sexual por duas razões aparentemente contraditórias. Por um lado, porque essa necessidade é a mesma para o homem e para a mulher. A diferença sexual se anula no discurso. Por outro lado, porque o homem e a mulher, ainda que submetidos à mesma lei do discurso, não se compreendem quando discor-

6 Ibid., p. 31.
7 Ibid.
8 Id., *Le Séminaire 24 – L'Insu que sait de l'une-bévue s'aile à mourre*, 1976–77, inédito. Disponível em: staferla.free.fr/S24/S24.htm.

rem. Portanto, não há, entre eles, "relação". O argumento de Beauvoir então cai por terra.

> Não existe segundo sexo, a partir do momento em que entra em funcionamento a linguagem. Ou, para dizer as coisas de outra maneira, no que concerne ao que é chamado de heterossexualidade, o *heteros*, palavra que serve para dizer "outro" em grego está na posição de se esvaziar como ser para a relação sexual. É precisamente esse vazio por ele oferecido à fala que eu chamo de lugar do Outro, ou seja, aquele em que se inscrevem os efeitos da referida fala.[9]

Por meio dessas formulações difíceis, Lacan afirma que cada sexo constrói seu discurso dirigindo-o a um Outro que não é o outro com quem se faz efetivamente amor, mas um Outro que não se conhece, verdadeiro objeto do desejo, a quem se fala e que não corresponde e jamais corresponderá à pessoa fisicamente presente.

Lacan restitui assim o segundo sexo à categoria generalizante do Outro de que Beauvoir tivera o cuidado de extirpá-lo. Não é que as categorias do homem e da mulher não queiram dizer mais nada, mas designam maneiras incomunicáveis entre elas de se relacionar com a mesma linguagem, de desejar o mesmo significante absoluto. Esse significante é o "falo". Certo, o falo não é o pênis, posto que a sexualidade, como já vimos, ultrapassa infinitamente a genitalidade. Apesar de tudo, para o homem, assim como para a mulher, o falo, significante mestre – último – do desejo, só pode ser uma ereção, um ícone erguido.

---

9 Id., *O seminário 19*, op. cit., p. 93.

"A imagem ereta do falo é o que é fundamental. Só existe uma. Não há outra escolha senão uma imagem viril ou a castração".[10]

A simbologia do falo é paradoxal. Viril em sua imagem, ela não se encarna no entanto em nenhum sexo. A autonomia da sexualidade feminina, a especificidade da relação entre clitóris e vagina, derivam dessa simbologia, portanto não são questões primeiras.

Já em "Diretrizes para um congresso sobre a sexualidade feminina", Lacan insistia no caráter a um tempo insolúvel e inútil da questão posta pela existência dos dois órgãos, e consequentemente dos dois orgasmos, da mulher. "A oposição bastante trivial entre o gozo clitoridiano e a satisfação vaginal", escreve ele (note-se essa distinção entre "gozo" e "satisfação"),

> viu a teoria reforçar sua tese, a ponto de situar nela a inquietação dos sujeitos, ou até de elevá-la à categoria de tema, se não de reivindicação – sem que no entanto se possa dizer que o antagonismo entre eles tenha sido mais precisamente elucidado. Isso porque a natureza do orgasmo vaginal guarda invioladas as suas trevas. [...] As representantes do sexo, não importa que volume produza sua voz entre os psicanalistas, não parecem ter dado o melhor de si para a retirada desse lacre. [...] elas em geral se ativeram a metáforas, cuja altivez, no ideal, não significa nada que mereça ser preferido ao que qualquer um nos oferece de uma poesia menos intencional.[11]

10 Id., *O seminário 4 – A relação de objeto*, trad. Dulce Estrada. Rio de Janeiro: Zahar, 1995, p. 49.
11 Id., "Diretrizes para um congresso sobre a sexualidade feminina", in *Escritos*, op. cit., pp. 736–37.

A rejeição da ideia de segundo sexo deriva retrospectivamente dessas declarações ignominiosas sobre a incapacidade das mulheres de resolver o próprio problema de outra forma a não ser usando metáforas ruins.

Não existe segundo sexo, não existe palavra especificamente feminina, nada a dizer do clitóris e da vagina, supremacia do falo: tal é a coleira de ferro à qual, de saída, Dolto está atrelada.

De fato, ela mesma utilizará "metáforas", tentando introduzir reflexões pessoais nos interstícios dos blocos. Essas metáforas são aquelas, mais ou menos felizes, é preciso reconhecer, do "botão" clitoridiano e do "orifício" vaginal, às vezes confundido pela menininha "com o meato urinário".[12] Dolto tenta reter tudo. De Freud, ela conserva a ideia de uma libido de essência masculina e a dos estádios (da fase pré-edipiana ao Édipo) que conduzem ao prazer vaginal. De Beauvoir, ela respeita o acompanhamento genealógico da menina e da mulher da infância à adolescência, da adolescência à idade adulta, da maternidade à menopausa e à velhice. Do grupo Jones, retém a teoria de um sentimento precoce da existência da vagina na menininha. De Lacan, mantém a tese do primado do falo.

O primeiro estádio é o eros do bebê. A menininha "levará certo tempo até descobrir uma 'utilização' possível para a vulva".[13] Vem em seguida o estádio em que essa utilização se afirma: "A menina estica os lábios da vulva e seu 'botão', o clitóris; pela excitação deste, descobre a sua voluptuosa eretilidade que, durante certo tempo, lhe dá a esperança de que se trate de um pênis centrífugo em formação".[14] A menina "faz de

12 F. Dolto, *Sexualité féminine*, op. cit., p. 91.
13 Ibid., p. 83.
14 Ibid., p. 88.

si própria uma imagem de forma fálica cheia e turgescente".[15] As sensações da menininha são desde o início vaginais e clitoridianas, ela tem "um botão com um orifício".[16]

A fase seguinte, edipiana, intervém depois de uma "decepção narcísica". Ela marca a passagem de uma inveja de pênis "centrífugo" a uma inveja de pênis "centrípeto", valorização das cavidades, prelúdio ao desejo de procriação.

No entanto, pênis e "botão com um orifício" obedecem ao primado do falo, e nesse ponto Lacan encontra evidentemente uma forte aliada. Dolto com efeito concorda com a ideia de que a relação sexual dissolve paradoxalmente masculinidade e feminilidade na irrealidade do falo, significante absoluto, mais uma vez, de que ninguém jamais se apropria nem encarna: "O coito é o ato surrealista no sentido pleno do termo, um ato deliberado num tempo em suspenso, num lugar onde dois corpos se desrealizam pela perda de sua comum e complementar referência peniana ao falo".[17]

Para Dolto, a única forma de se fazer entender na cacofonia de todas essas concessões incompatíveis entre si é o recurso a sua experiência clínica. Sua escuta de testemunhos de crianças em particular. É preciso deixar as crianças falarem, ela diz, pois os sintomas que desenvolvem são reações a todas as disfunções sexuais dos pais. As crianças são os ecos da libido dos adultos. Ecos que em geral os psicanalistas não escutam. São as crianças, na realidade, que têm o bom senso de lembrar a sexualidade em sua origem corpórea, da qual um excesso de significantes a afastou. A força de Dolto é a voz das crianças.

---

15 Ibid.
16 Ibid., p. 90.
17 Ibid., p. 172.

Aliás, embora seu relatório tenha sido recebido pelos psicanalistas da época com um silêncio mortal, ele foi muito apreciado pelos médicos, cirurgiões, obstetras e ginecologistas, muitos solicitando uma cópia dele.

Lacan sabia disso, e em diversas ocasiões ao longo de seus seminários ele elogiou esse aspecto do trabalho dela. Não lhe escapou que a ênfase na criança era o único ponto realmente original do relatório.

Talvez seja por isso que ele lhe diz, depois do congresso e da leitura de seu relatório: "Ora essa, quanta ousadia a sua, falar desse jeito!".

Dolto relata o diálogo que se seguiu. "Eu perguntei a ele: 'Então, você é capaz de negar tudo o que afirmei?' 'Não foi isso que eu disse', ele retrucou, 'disse apenas que você era ousada' [...]." Ousada? "O que eu disse", ela prossegue, "como modo de abordar a sexualidade feminina era muito diferente da maneira como os homens presentes ao congresso tratavam o assunto; eles continuavam pensando como psiquiatra e como filósofo."[18]

Mas em que esse "modo de abordar a sexualidade feminina" era "muito diferente"? Em que se afastava do dogma? Caroline Eliacheff, em seu livro *Françoise Dolto: une Journée particulière* [Françoise Dolto: um dia especial], imagina várias respostas, todas verdadeiras, ditadas pela escuta das crianças.

Será porque [Dolto] dizia que mulheres de aparência heterossexual eram, na verdade, homossexuais que botam o marido no lugar da mãe? Será porque ela falava das mulheres pedófilas, não

18 Conversa relatada por Magali Taïeb-Cohen em "Ce que les Femmes doivent à Dolto", colóquio da Fundação Europeia para a Psicanálise. Disponível em: fep-lapsychanalyse.org/wp-content/uploads/2019/04/Taieb-6-avril-2019.pdf.

identificadas assim, agindo perversamente com seus filhos, o amor materno justificando qualquer coisa? Será porque dizia ter conhecido mulheres nem um pouco frígidas e completamente malucas na educação de seus filhos, enquanto se pensava que ter orgasmos era a panaceia de todos os males? Será porque denunciava a inflação da teoria da decepção da menina ao descobrir que não tem pênis – decepção temporária, segundo ela, de que a menina se refaz muito bem [...]?[19]

O que revela, o que dissimula uma ousadia? Tudo isso de uma vez? E também a incerteza sobre a psicanálise ainda ser pertinente quando se trata de sexualidade feminina?

À pergunta que mulher era ela (a que bloco pertencia, o que escondia), Dolto dará esta resposta enigmática, ao mesmo tempo ingênua e hábil:

Não sei em absoluto quem eu sou e sou muito grata às pessoas que me amam, porque, graças a isso, posso me amar. Mas ignoro completamente quem sou e é por isso que não posso responder porque, não sei onde está a minha feminilidade. Não sei, e é impossível falar disso.[20]

19 Caroline Eliacheff, *Françoise Dolto: une Journée particulière*. Paris: Flammarion, 2018, p. 181.
20 "Entretien avec Jean-Pierre Winter" apud ibid., pp. 183–84.

8.
"O SEXO FEMININO É O CLITÓRIS"
Carla Lonzi e o feminismo da diferença

Como transformar em definitivo o entendimento da relação entre os dois órgãos, muito frequentemente considerados uma relação de força? Como deixar de interpretá-la nos termos do velho esquema de dominação e servidão?

Com Carla Lonzi, essas questões vão ressoar com uma força totalmente nova e queimar como um incêndio na floresta. Nascida em 1931 em Florença, ela é uma das figuras de proa do feminismo radical italiano. Em 1970, com um grupo de mulheres reunidas em torno da Libreria delle Donne de Milão, funda o coletivo Rivolta Femminile [Revolta Feminina]. Para se dedicar inteiramente à causa, deixa seu companheiro e abandona a atividade de crítica de arte, apesar do reconhecimento conquistado. A despeito de ter sido muito bem acolhida, desvia-se definitivamente da carreira universitária e se recusa a publicar sua dissertação "Rapporti tra la scena e le arti figurative dalla fine dell'800 " [As relações entre o teatro e as artes visuais desde o fim do século XIX"], sob a orientação do historiador da arte Roberto Longhi. Com essa publicação e essa carreira, diz ela, "eu poderia no máximo ser 'classificada' culturalmente e, para mim, significava perder minha única ocasião de identidade".[1]

Carla Lonzi não é filósofa de formação, mas sua famosa intervenção é indiscutivelmente filosófica: *Sputiamo su Hegel!* [Cuspamos em Hegel!], ela declara, intitulando dessa forma seu importante livro-manifesto.[2] A dialética do senhor e do escravo, tal como Hegel a concebe, é uma luta de vida ou morte. Duas consciências se enfrentam em um combate pelo reconhecimento que exige a mobilização recíproca da vida deles. Para serem reco-

1 Apud Michèle Causse e Maryvonne Lapouge (orgs.), *Écrits, voix d'Italie*. Paris: Des Femmes, 1977.
2 Carla Lonzi, *Crachons sur Hegel: une révolte féministe*, trad. "Les derniers masques". Paris: Eterotopia, 2017.

nhecidas como consciências e não com meras coisas, cada uma deve provar à outra que não está apegada à vida. Cada uma se mostra disposta a morrer e, em um mesmo movimento, a matar a outra. Finalmente, continua Hegel, uma das duas consciências cede ao medo e aceita submeter-se à outra. Uma é o senhor, a outra, o escravo. Para Lonzi, essa dialética, essa lógica de oposição, não logra dar conta, por um lado, das relações homens-mulheres, por outro, das relações entre vagina e clitóris – sendo os dois tipos de relação inseparáveis uma da outra. Não que Lonzi negue a violência que preside a essas relações, posto que ela denuncia precisamente a realidade da dominação masculina e sua normatização da sexualidade feminina. Mas a dialética do senhor e do escravo se engana de princípio assim como de resultado. "Se Hegel tivesse reconhecido a origem humana da opressão da mulher, como reconheceu a da opressão do escravo", ela escreve,

ele deveria ter aplicado a dialética senhor-escravo também a esse caso. Assim teria encontrado um sério obstáculo: se o método revolucionário pode capturar os momentos da dinâmica social, não há dúvida de que a liberação da mulher não pode entrar no mesmo esquema. Entre a mulher e o homem, não existe uma solução em que um eliminaria o outro, e é a própria ideia de uma tomada de poder que desmorona.[3]

O esquema hegeliano da luta admite a realidade da tomada de poder como sua condição de possibilidade. Os papéis entre senhor e servo se invertem no fim, mas o poder permanece. A tarefa do feminismo é precisamente questionar a ideia de uma existência do poder a priori. Acionar a alavanca que permite de

3   Ibid., p. 49.

uma só vez a suspensão e a desarticulação da submissão e da dominação. Essa alavanca é a *diferença*.

É de fato em *Sputiamo su Hegel* que aparece pela primeira vez, em contraste com a lógica da oposição, o conceito de *diferença*.

A dialética é inútil perante a diferença. O feminismo não é um pensamento de escravos libertos.

A diferença da mulher está diretamente ligada a sua sexualidade, e a relação entre vagina e clitóris é sua expressão fundamental. É também a Carla Lonzi que devemos a afirmação da mulher clitoridiana. Em seu outro manifesto decisivo, *La donna clitoridea e la donna vaginale* [A mulher clitoridiana e a mulher vaginal],[4] ela afirma que o "clitóris deve perder seu papel secundário".[5] Ele não tem de se submeter ao poder da vagina, pois *o sexo feminino é ele*. "O sexo feminino é o clitóris, o sexo masculino é o pênis."[6]

O clitóris torna-se assim o emblema da autonomia libidinal da mulher – de sua diferença – e ao mesmo tempo a zona de resistência à heteronormatividade da "cultura sexual masculina".

Tal gesto de ruptura com a visão tradicional dos dois órgãos supõe antes de tudo romper a equivalência frequentemente estabelecida entre gozo clitoridiano e masturbação. Mesmo quando praticada por um(a) parceiro/a, a estimulação clitoridiana é muitas vezes considerada uma forma de autoerotismo, "um prazer vivido na solidão e na separação",[7] o que autoriza sua assimilação a uma atividade infantil. "Por masturbação, a cultura sexual masculina compreende não somente o autoero-

---

4   Id., *La donna clitoridea e la donna vaginale e altri scritti. Scritti di Rivolta Femminile* [1974]. Milão: et al/Edizioni, 2010.

5   Ibid., p. 12.

6   Ibid., p. 2.

7   Ibid., p. 13.

tismo, como qualquer forma de estimulação dos órgãos sexuais que não seja o coito. [...] Para essa cultura", continua Lonzi, "a sexualidade clitoridiana só pode atuar por meio da masturbação, mesmo que praticada por um(a) parceiro/a".[8] Importa afirmar, ao contrário, a carícia clitoridiana como relação sexual por completo. "Em nossa opinião, a diferença entre masturbação e não masturbação está na percepção da presença do outro e na troca erótica, não na execução de um modelo de coito"[9] – modelo inteiramente determinado pelos "valores ideológicos da penetração heterossexual procriadora".[10]

A questão do gozo clitoridiano é indissociável da questão política da subjetivação. A afirmação da mulher clitoridiana é o ponto de partida de um tipo novo de devir-sujeito. Lonzi estabelece uma relação determinante entre clitóris e pensamento quando declara que ser clitoridiana significa para uma mulher "pensar na primeira pessoa".[11] De fato, é impossível pensar por si mesma sem se conhecer, e se conhecer sem saber onde está e qual é o seu prazer. Na escola, escreve Lonzi, "os jovens aprendem o funcionamento da procriação, não o prazer sexual".[12] Se existe, por exceção, uma distância redutível, é aquela, muito pouco interrogada, entre saber pensar e saber gozar. Entre saber como formamos nossa cabeça e de que maneira a perdemos.

8   Ibid., p. 12.
9   Ibid., p. 13.
10 Ibid., p. 12.
11 Apud coletivo Claire Fontaine, "We Are All Clitoridian Women: Notes on Carla Lonzi's Legacy". *e-flux journal* n. 47, set. 2013. A citação provém do diário de Lonzi, *Taci, anzi parla: diario di una femminista*. Milão: Scritti di Rivolta Femminile, 1978, p. 9.
12 C. Lonzi, *La donna clitoridea e la donna vaginale*, op. cit., p. 14.

Daí o conceito de autoconsciência (*autocoscienza*). Para uma mulher, a autoconsciência de seu sexo e de seu prazer distingue-se da consciência de ser dessa ou daquela maneira, vaginal ou clitoridiana. Não se trata de aceitar um dado de nascimento, uma forma de fatalidade. A autoconsciência desperta aquilo de que ela é a consciência, isto é, a verdadeira fonte do desejo. É assim que ela permite, antes de tudo, acabar com a culpa pela suposta frigidez vaginal. A "mulher vaginal" é de fato apenas uma projeção do esquema sexual masculino, uma fabricação da "cultura patriarcal [que] conseguiu manter o clitóris escondido e inutilizado".[13] "Como é possível que a mulher vaginal hesite em se conscientizar de problema sexual tão vasto?", prossegue Lonzi.[14] Porque a cultura patriarcal é precisamente uma cultura da clitoridectomia.

A mulher clitoridiana torna-se a figura da consciência feminina: "para desfrutar plenamente do orgasmo clitoridiano, a mulher deve encontrar uma autonomia psíquica".[15] A reivindicação da diferença sexual significa menos o confinamento em um esquema binário que a desconstrução do conceito de igualdade. As feministas radicais não procuram ser tratadas como iguais aos homens, mas ser consideradas – e antes de tudo se considerar – elas mesmas como o que são "autenticamente", diferentes. Reconhecer-se como clitoridiana era na época um verdadeiro *coming out*. Com a "mulher clitoridiana", a diferença saía do armário.

Para Lonzi, a crítica da construção heteronormativa da sexualidade feminina (ainda não é do ponto de vista temático uma questão de teoria do gênero) também supõe evidente-

13 Ibid., p. 21.
14 Ibid., p. 7.
15 Ibid., p. 4.

mente uma rejeição da psicanálise freudiana e de sua equação entre clitóris e imaturidade, que transformam as mulheres em "aspirantes vaginais".[16]

A recusa da psicanálise freudiana é semelhante à rejeição da dialética hegeliana.

> O feminismo, para as mulheres, toma o lugar da psicanálise para os homens. Na psicanálise, o homem encontra as razões que o tornam inatacável [...]. No feminismo, a mulher encontra a consciência feminina coletiva que elabora os temas de sua liberação. A categoria de repressão na psicanálise equivale à do senhor-escravo no marxismo [e no hegelianismo]: ambos visam a uma utopia patriarcal que vê a mulher como o último ser humano reprimido e subjugado para sustentar o esforço grandioso do mundo masculino que rompe as correntes da repressão e da escravidão.[17]

Questão fundamental da autoconsciência feminista, o clitóris marca doravante a distância irredutível entre submissão e responsabilidade.

Mas como evitar, entre mulheres, a reconstituição da potência fálica? A redução da distância?

Em seu diário, Lonzi evoca dolorosamente as dificuldades que encontra com Ester, sua companheira, que se sente dominada por ela.

> Com Ester, só posso me calar. Ela está furiosa consigo mesma e não suporta isso. Agora, ousa dizer o que nunca havia dito, o que era impensável: que, em nossa relação, eu sou o homem e ela é a

16 Ibid., p. 6.
17 Ibid., p. 8.

mulher. É assim que a dicotomia vaginal versus clitoridiana retorna, e nem o feminismo poderá pôr um fim nisso.[18]

A expressão desse pessimismo é ainda mais triste, uma vez que Lonzi não viveu o suficiente para conhecer sua vitória, a força e a popularidade do que foi chamado, graças a ela e depois dela, o "feminismo da diferença". Um feminismo que continuou a se desenvolver na Libreria delle Donne de Milão e na Comunidade Filosófica Diotima da Universidade de Verona. Lonzi morreu em Milão em 2 de agosto de 1982 em consequência de um câncer do útero, sem saber que a "diferença sexual" acabaria se tornando, e por muito tempo, o termo fundador de um novo feminismo.

---

18 Id., "Tais-toi ou Plutôt Parle", op. cit., p. 267, apud Elena Dalla Torre, in "The Clitoris Diaries: *La donna clitoridea*, Feminine Authenticity, and the Phallic Allegory of Carla Lonzi's Radical Feminism". *European Journal of Women's Studies*, v. 21, n. 3, 2014, p. 227.

9.
LUCE IRIGARAY: "A MULHER NÃO É NEM FECHADA, NEM ABERTA"

Os lábios da vulva – e da boca – são guardiões ou portas que não abrigam nenhuma relação de poder. Alojados entre esses lábios, clitóris e vagina nunca rivalizam um com o outro. Para Luce Irigaray, psicanalista e filósofa, "a mulher não tem um sexo. Ela tem pelo menos dois, mas não podem ser identificados individualmente. Aliás, ela tem mais deles. Sua sexualidade, sempre pelo menos dupla, é ainda *plural*".[1]

É assim que "o prazer da mulher não deve escolher entre atividade clitoridiana e passividade vaginal [...]. O prazer da carícia vaginal não deve se substituir ao da carícia clitoridiana. Um concorre com o outro de maneira insubstituível para o prazer da mulher".[2]

A ausência de qualquer competição entre os dois órgãos é como que simbolizada, redobrada pela relação dos lábios entre si, que se mantêm um contra o outro sem pressão. No segredo desse sexo que "faz com que ele continue a se tocar indefinidamente",[3] entre esses lábios (os do sexo e os da boca) que se falam, não há, mais uma vez, "nem senhor nem escravo".[4] Aqui, a diferença sexual que se impõe como um dos problemas políticos principais da época implica ainda uma ruptura com a dialética. "Cada época [...] tem uma coisa a pensar. Somente uma. A diferença sexual é a do nosso tempo."[5] Ora, esse pensamento não é um pensamento conflituoso.

---

1 Luce Irigaray, *Ce sexe qui n'en est pas un*. Paris: Minuit, 1977, p. 27 [ed. bras.: *Este sexo que não é só um sexo: sexualidade e status sexual da mulher*, trad. Cecília Prada. São Paulo: Senac, 2017].
2 Ibid., p. 28.
3 Ibid.
4 Id., *Éthique de la différence sexuelle*. Paris: Minuit, 1984, p. 14.
5 Ibid.

Ao longo das leituras decisivas de Platão, René Descartes, Georg W. F. Hegel, Friedrich Nietzsche ou Martin Heidegger, Irigaray não determina o destino da mulher na filosofia apenas como um destino mimético, que a condena a imitar os homens quando ela maneja os conceitos. A mulher que pensa não é uma matéria animada, simples cópia do *logos* masculino que para ela é sempre uma forma. A mulher se afasta desse mimetismo e dessa materialidade por um efeito de espelho irônico e subversivo. *Speculum* é, assim, uma réplica do estádio do espelho de Lacan, espelho em que nenhuma mulher nunca é refletida. O título *Speculum de l'autre femme* [*Speculum* da outra mulher] evoca obviamente o instrumento ginecológico [espéculo] que permite "olhar as trevas",[6] mas também revela, por um estranho efeito de reverberação, que essa obscuridade está alojada no olho de quem olha.

Ao se tocarem, os lábios não deixam ver nada do mistério daquilo que cobrem, se por visível entendermos uma forma saliente que se pode reter tanto com os olhos quanto com as mãos. Quanto à "matéria", considerada a parte ontológica do feminino, ela não é informe mas informalizável. "Substantivo comum para o qual não se pode determinar a identidade. (A/uma mulher) não obedece ao princípio de identidade."[7] Mais adiante: "Esse (se) tocar dá à mulher uma forma que indefinida e infinitamente se transforma sem se fechar em sua apropriação".[8] O informalizável promete ao prazer uma infinidade de metamorfoses.

6 Id., *Speculum de l'autre femme*. Paris: Minuit, 1974, p. 369.
7 Ibid., p. 284.
8 Ibid., p. 289.

Em *Este sexo que não é só um sexo*, Irigaray esboça uma verdadeira geografia do prazer feminino. Embora os lábios sejam de alguma maneira a própria fonte da libido, o fato é que

a mulher tem sexos um pouco em todos os lugares. O seu gozo processa-se em vários lugares. Sem falarmos da histerização de todo o corpo, a geografia de seu prazer é bem mais diversificada, múltipla em suas diferenças, complexa, sutil, do que se imagina – em um imaginário demasiadamente centrado sobre o mesmo. "Ela" é indefinidamente outra, em si mesma.[9]

Como se criticou essa articulação mulher/lábios! Com que ceticismo se recebeu essa topografia plural do prazer! Irigaray teria simplesmente oposto, e independentemente do que ela diz, um vulvomorfismo ao falomorfismo, assinando assim sua condenação por essencialismo! A palavra foi mal escolhida, pois uma essência (*eidos*) é para os gregos movimento, a dinâmica de uma entrada em presença ou de um aparecer. Uma essência é tudo, exceto uma natureza ou uma instância fixa. Que ela assim tenha se tornado devido a uma crispação metafísica posterior, nada muda em sua plasticidade originária. Parece, aliás, que a própria Irigaray não percebeu a natureza metamórfica da essência quando a reduz à imobilidade da substância. Na minha opinião, portanto, Irigaray não seria suficientemente essencialista.

Seu pensamento nunca transgride a matriz teórica da diferença sexual. Há o feminino e o masculino. "A sexualidade feminina sempre foi pensada a partir de parâmetros masculinos",[10] e o prazer da mulher é "negado por uma civilização que

9 Id., *Ce sexe qui n'en est pas un*, op. cit., p. 28.
10 Ibid., p. 23.

privilegia o falomorfismo".[11] Mas é preciso ver que a diferença sexual pode ser compreendida para além da binaridade, como uma economia que paradoxalmente a transcende. Falar de binaridade é subentender um equilíbrio, um balanço entre dois termos ou dois valores. Falar de diferença já introduz desproporção, heterogeneidade, separação na dualidade. Irigaray insiste, aliás, mais na pluralidade do que na díade, o que permite à diferença semear a perturbação no seio de outra dualidade muito conhecida, a do clitóris e da vagina.

"Corpo, seios, púbis, clitóris, lábios, vulva, vagina, colo uterino, matriz... e esse nada que já os faz gozar separando-os",[12] ela escreve. A pluralidade das zonas não pode se agrupar, permanece espaçada, o que faz com que ela leve o prazer para além do par abertura-fechamento, passividade-atividade.

Mas é impressionante como se criticou também essa separação! Valerie Traub sustenta que ela ainda está confinada, encerrada, no âmbito de uma adequação estrita entre partes do corpo e desejo. A psicomorfologia do corpo feminino de Irigaray ainda seria dependente de uma "lógica da equivalência".[13] Equivalência entre lábios e desejo feminino. Ora, a lógica da equivalência é, segundo Traub, "garantida pelo falo".[14] É com efeito o falo que, para Lacan, detém o "poder de nomear" e de atribuir um valor significante a uma parte do corpo, permitindo assim que ele se torne o emblema de uma identidade erótica.

Mas tentar pensar e escrever o prazer feminino, correndo o risco de um enrijecimento identitário, não era uma etapa

---

11 Ibid., p. 26.
12 Id., *Speculum*, op. cit., p. 289.
13 Valerie Traub, "The Psychomorphology of the Clitoris", op. cit., p. 102.
14 Ibid.

necessária? E ainda não é? Tampouco é certo que Irigaray tenha caído na armadilha de uma simbolização ainda fálica do clitóris, que lhe conferiria um valor de princípio do corpo das mulheres. O clitóris, ela escreve, "resiste a fundar sua firmeza".[15]

Ao propor sua geografia do prazer feminino, Irigaray contava duplicar, redobrar e, desse modo, transgredir a visão freudiana (e lacaniana, em outro nível) da genitalidade da mulher. Afirmar a existência de um sexo "que não é só um sexo" significava justamente se recusar a reduzir o sexo ao sexo, significava desviar o vocabulário anatômico de sua ancoragem originária para orientá-lo no sentido da construção de um corpo que a psicanálise jamais concebeu. É possível considerar que esse transbordamento, iniciado por Beauvoir e radicalizado por Irigaray, tenha se tornado inútil? Irigaray escreve:

> O recurso anatômico para justificar uma posição teórica é particularmente necessário a Freud para a descrição do devir sexual da mulher. [...] em nome desse destino anatômico, as mulheres seriam menos favorecidas pela natureza do ponto de vista libidinal, frequentemente frígidas, não agressivas, não sádicas, não possessivas, homossexuais segundo as taxas de hermafroditismo de seus ovários, estrangeiras aos valores culturais, a menos que participem deles por alguma "hereditariedade mista" etc. Em resumo, privadas do valor do seu sexo. O importante sendo, é claro, que não se saiba o porquê disso, por quem, e que tudo isso seja atribuído à conta da "natureza".[16]

15 L. Irigaray, *Speculum*, op. cit., p. 287.
16 Id., *Ce sexe qui n'en est pas un*, op. cit., p. 70.

Era preciso desfazer ou desancorar o ditame anatômico freudiano contrapondo-lhe outro esquema corporal. Diz-se hoje que esse esquema é passível de revisão, é plástico, não necessariamente feminino, mas Irigaray estabeleceu as bases dessa reescritura transformadora do corpo.

Irigaray também foi criticada por só escrever para as lésbicas. Em *Este sexo que não é só um sexo*, no capítulo "Quando nossos lábios se falam", está claro que os lábios são os das mulheres (pelo menos dois) no abraço amoroso: "Luminosas, nós", ela escreve. "Sem uma, nem duas. Eu nunca soube contar. Até chegar a você. Nós seríamos duas, nos cálculos deles. Duas, verdadeiramente? Isso não te faz rir? Um tipo extravagante de dois. No entanto, não uma. Sobretudo, não uma. Vamos deixar a eles o *um*."[17]

Seria isso um problema? Não haveria várias decifrações possíveis dessa cena? E, de qualquer maneira, não seria ainda verdadeiro que, como escreve Audre Lorde, "a autêntica feminista sempre tem de lidar com uma consciência lésbica, quer durma ou não com mulheres"?[18]

17 Ibid., p. 235.
18 Audre Lorde, "An Interview with Audre Lorde". *American Poetry Review*, v. 9 n. 2, p. 21.

10.
"COM TERNURA E RESPEITO PELA VULVA INOCENTE"

Em seu relatório sobre as "mutilações sexuais femininas" de 2018, as senadoras Maryvonne Blondin e Marta de Cidrac trazem duas precisões terminológicas essenciais a respeito do que chamamos apressadamente (como eu mesma já fiz) de excisão ou clitoridectomia.[1]

A primeira concerne à expressão "mutilações sexuais femininas" (MSF), designação desde então oficial na França. Essa denominação decorre de diversas formulações e reformulações introduzidas desde o fim dos anos 1950, que atestam sucessivas mudanças de percepção.

"Em 1958, quando as Nações Unidas, e em 1959 a Organização Mundial da Saúde (OMS), abordam pela primeira vez essas questões", escrevem as autoras, "as mutilações são compreendidas como operações rituais baseadas no costume".[2] Nessa época, a excisão é assimilada à circuncisão.

A partir de meados dos anos 1970, porém, essas "operações" foram consideradas, com frequência cada vez maior, violências contra as mulheres. Daí o termo "mutilações" ter sido oficializado. Enquanto no Reino Unido alguns privilegiam a noção de f*emale genital cutting* (FGC), e a fórmula consagrada pela OMS é *female genital mutilations* (FGM ou mutilações genitais femininas, MGF), os países francófonos preferem falar de mutilações *sexuais* femininas. Em 2013, a Comissão Nacional Consultiva dos Direitos Humanos (CNCDH) declara que

---

1 Maryvonne Blondin e Marta de Cidrac, *Rapport d'information fait au nom de la délégation aux droits des femmes et à l'égalité des chances entre les hommes et les femmes sur les mutilations sexuelles féminines.* Senado, n. 479, sessão ordinária de 2017–18, registrado na presidência do Senado em 16 maio 2018. Disponível em: vie-publique.fr/rapport/ 37381-les-mutilations-sexuelles-feminines.
2 Ibid., p. 9.

a noção de mutilações sexuais femininas remete à noção de "violação dos direitos fundamentais das meninas e das mulheres", sublinhando assim que "essas mutilações devem antes de tudo ser combatidas no terreno dos direitos da pessoa humana" e não "ser reduzidas a problemáticas médicas" nem ao "aspecto biológico da prática" que o termo "mutilações genitais" subentende.[3]

A segunda precisão diz respeito ao reconhecimento da diversidade das mutilações sexuais, o que também atesta uma grande mudança em relação aos anos 1950.

A tipologia efetuada pela OMS em 1997 e revisada em 2007 destaca três categorias principais de mutilações que têm como pontos comuns serem praticadas nos órgãos sexuais externos da mulher sem recomendação médica:

Tipo 1 – Clitoridectomia: ablação total ou parcial do clitóris e/ou do prepúcio;

Tipo 2 – Excisão: ablação total ou parcial do clitóris e dos pequenos lábios, com ou sem ablação dos grandes lábios;

Tipo 3 – Infibulação: estreitamento do orifício vaginal por ablação e junção dos pequenos lábios e/ou dos grandes lábios, com ou sem ablação do clitóris. A cicatriz gerada deverá ser cortada no momento do casamento e/ou do parto. Esse tipo de mutilação, mais raro, parece localizado principalmente na África Oriental;

---

3   Ibid., pp. 9–10. Um seminário das Nações Unidas realizado em Burkina Faso em 1991 sobre as "Práticas que afetam a saúde das mulheres e das crianças" recomenda definitivamente o termo MGF em detrimento de "circuncisão feminina".

Tipo 4 – Todas as outras intervenções nefastas no nível dos órgãos genitais femininos para fins não médicos, por exemplo: espetar, perfurar, incisar, raspar e cauterizar os órgãos genitais.[4]

Ainda segundo a CNCDH, a cada quinze segundos uma menina ou uma mulher é excisada no mundo. Das 200 milhões atualmente recenseadas, 44 milhões têm menos de quinze anos. Um relatório da Assembleia Parlamentar do Conselho da Europa sustenta que "qualquer paralelo entre a circuncisão masculina e a mutilação genital feminina deve ser rejeitado, ainda que fosse apenas porque o clitóris, cuja única função é o prazer sexual, não tem equivalente no homem".[5] Para a dra. Emmanuelle Piet, presidente do Coletivo Feminista Contra o Estupro, as mutilações "visam suprimir o prazer feminino: como tal, trata-se realmente de mutilações sexuais".[6]

"Halimata Fofana, autora de *Mariama, l'écorchée vive* [Mariama, a esfolada viva], guarda a lembrança da dor indizível produzida pelo movimento repetido da lâmina da excisora, da queimadura causada pela desinfecção a álcool 90° na ferida exposta, da impossibilidade de andar e sentar durante muitos dias depois da 'intervenção'".[7]

Outro testemunho forte, pelo estilo e pela criatividade poética, é a obra de Alice Walker, escritora feminista afro-americana. Walker situa sua atividade militante na intersecção de dois combates: pelos direitos civis dos negros e pela abolição

---

4   Ibid., p. 12.
5   Ibid., p. 20.
6   Ibid., p. 138.
7   Halimata Fofana, *Mariama, l'écorchée vive*. Paris: Karthala, 2015. Apud relatório do Senado, p. 5.

das mutilações sexuais femininas. *O segredo da alegria*,[8] escrito em 1992, é certamente o primeiro romance consagrado ao problema das mutilações. Foi seguido por *Warrior Marks: Female Genital Mutilation and the Sexual Blinding of Women* [Marcas guerreiras: mutilações genitais femininas e cegamento sexual das mulheres][9] – que virou documentário homônimo, realizado pela cineasta Pratibha Parmar, que também é coautora do livro. Walker realiza nesse filme uma viagem pela África da excisão cujo desfecho é uma entrevista com uma excisora – ela mesma "mutilada" – se preparando para efetuar uma "operação".

As primeiras imagens do filme mostram um grupo de mulheres cantando: "Nós condenamos as MGF". Uma delas, uma parteira (Comfort I. Ottah), vira-se para a câmera e diz: "Isso não é cultura, é tortura (*This is not culture, this is torture*)".[10] Walker assim formula o problema ético: "Como é possível estar diante de uma pessoa que sofre e não vê-la? Ignorá-la a ponto de ser aquele [observa-se o emprego do masculino, *he*] que lhe inflige esse sofrimento e continuará tranquilamente a infligir?". Ou ainda: "[A experiência de] estar em grande sofrimento vem acompanhada de uma certeza: o outro que não sofre não acredita nisso". As mutilações são abismos de dor que se invertem em insígnias de poder – o poder daqueles que duvidam da dor.

---

8 Alice Walker, *O segredo da alegria*, trad. Marina Vargas. Rio de Janeiro: José Olympio, 2023. O título deste capítulo foi retirado da dedicatória do livro: "*With tenderness and respect for the blameless vulva*" [Este livro é dedicado, com ternura e respeito, à vulva inocente].

9 Alice Walker e Pratibha Parmar, *Warrior Marks: Female Genital Mutilation and the Sexual Blinding of Women*. New York: Harcourt Brace, 1993. Documentário disponível no Vimeo.

10 Apud Tobe Levin, "Alice Walker, Activist: Matron of FORWARD", in Maria Diedrich, Henri Louis Gates e Carl Pedersen, *Black Imagination and the Middle Passage*. W.E.B. Du Bois Institute Series, 1999, p. 240.

"Demorei um longo tempo para perceber que estava morta."[11] Tais são as primeiras palavras de *O segredo da alegria*, ditas por Tashi, nascida na África mas que vivia nos Estados Unidos desde seu casamento. A fidelidade a sua cultura ancestral – a da sociedade (fictícia) dos Olinka – levou Tashi, já americanizada por sua ligação com Adam, filho de um missionário, a se submeter voluntariamente à lâmina da *tsunga* (excisora na adolescência). Ela acreditou que assim poderia afirmar a lealdade a seu povo. A excisão, no entanto, é um verdadeiro trauma que condena a jovem, agora casada com Adam, a lutar a vida toda contra a loucura e a tentar em vão compreender as razões ancestrais das mutilações. Graças à psicanálise ela acaba por encontrar uma forma de integridade corporal. "No final da minha vida, reintegro esse corpo abandonado há tanto tempo."[12] Mas Tashi recebe outro golpe psíquico quando rememora a cena da excisão de Dura, sua filha mais velha, morta de uma hemorragia consecutiva à ablação. Vem-lhe a lembrança particularmente dolorosa de M'Lissa, a excisora, jogando as partes genitais de Dura a uma galinha esfomeada: "Como se ela estivesse esperando aquilo, a galinha se precipitou sobre a planta do pé de M'Lissa, localizou-*o*, e com um rápido movimento do pescoço e do bico, engoliu-*o* no ar".[13] Para Tashi, a excisão está ligada ao assassinato. Ela volta enfim à África para exercer sua vingança e matar a excisora com uma facada – lâmina contra lâmina, antes de ser ela mesma condenada à morte.

Três fios se entremeiam no relato: a condenação das mutilações genitais, a cumplicidade forçada das mulheres com o

---

11 A. Walker, *O segredo da alegria*, op. cit., p. 15.

12 Ibid., p. 25.

13 Ibid., p. 75.

poder patriarcal e, por fim, a necessidade de quebrar o silêncio. Ressoam em eco as vozes de Audre Lorde: "Seu silêncio não vai proteger você";[14] de Toni Morrison e de sua "relembrança (*re-memory*)"[15] em *Amada* (em uníssono com as palavras de Tashi: "Se mentir a si mesmo sobre sua própria dor, será morta por aqueles que alegarão que você gostou dela"[16]); de bell hooks:

> Amar a nossa carne, celebrá-la, inclui o erotismo da linguagem, a forma como falamos umas com as outras. Costumamos usar tons duros com muita frequência.[17]

Para Walker, assim como para todas aquelas que lhe fazem coro, as mutilações das mulheres na África não são diferentes das violências físicas, dos abusos sexuais, dos estupros a que as negras são submetidas nos Estados Unidos e que subscrevem a herança da escravidão. Como esta, as mutilações genitais representam um assassínio simbólico.

Vítimas ou sobreviventes? A denominação adequada ainda está em discussão.

14 Audre Lorde, "Seu silêncio não vai proteger você", *Irmã outsider: ensaios e conferências*, trad. Stephanie Borges. Belo Horizonte: Autêntica, 2019, p. 52.

15 Toni Morrison, *Amada*, trad. José Rubens Siqueira. São Paulo: Companhia das Letras, 2018, p. 60.

16 A. Walker, *O segredo da alegria*, op. cit., p. 126.

17 bell hooks, *Irmãs do inhame: mulheres negras e autorrecuperação*, trad. floresta. São Paulo: WMF Martins Fontes, 2023, p. 143.

11.
MUTILAÇÃO E REPARAÇÃO: AS PALAVRAS CERTAS?

Cada vez mais se ouvem vozes contestando o emprego do termo "mutilações". Não faz diferença se são chamadas de genitais ou sexuais, em nada muda o caráter inapropriado do termo. Membros da comunidade LGBTQIAP+, pesquisadores, médicos questionam hoje a pertinência dessas denominações-padrão, oficialmente reconhecidas pela OMS, ator principal do debate. A designação "mutilações sexuais (ou genitais) femininas" subentende, como vimos, que qualquer intervenção nos órgãos genitais femininos sem recomendação médica é um caso de tortura, de violação do direito à integridade corporal, e não diz respeito, acima de tudo, a práticas culturais. Os nomes MFS ou MFG já constituiriam então formas de discriminação.[1] Constata-se, aliás, que a OMS só leva em conta as formas não ocidentais dessas intervenções.

Por que sintomatizar, singularizar, as mutilações femininas e não outras intervenções praticadas sem consentimento nas crianças intersexo (operações ou tratamento hormonais), em todos os sujeitos afetados pelas variações do desenvolvimento sexual, por exemplo?[2] E por que excluir a circuncisão?

---

1 Por exemplo: "A audiência da dra. Ghada Hatem, fundadora de La Maison des Femmes de Saint-Denis, em 14 de dezembro de 2017, mostrou que dificilmente se pode separar a problemática das mutilações sexuais daquela das violências praticadas contra as mulheres em geral, e que a excisão se inscreve no *continuum* dessas violências, com o casamento forçado, o estupro, notadamente conjugal, e as violências intrafamiliares" (Maryvonne Blondin e Marta de Cidrac, *Rapport* d'information, op. cit., p. 1).

2 Em inglês, *disorders of sex development* (DSD). O equivalente francês é *troubles du développement sexuel* (TDS) [distúrbios do desenvolvimento sexual] ou *troubles de la différence sexuel* [distúrbios da diferença sexual]. "Variações do desenvolvimento sexual" é nitidamente preferível, pois evita qualquer conotação negativa. Fala-se de distúrbios ou de variações quando as características sexuais biológicas (cromossômica,

Em um artigo extremamente virulento, "Current Critiques of the WHO Policy on Female Genital Mutilations" [Críticas da política da OMS a respeito das mutilações genitais femininas], os pesquisadores Brian D. Earp e Sara Johnsdotter expõem as razões pelas quais as leis anti-MFG podem parecer ética e juridicamente contestáveis.[3] "O que questionamos é sobretudo a terminologia utilizada para descrever essas práticas. O termo 'mutilação', empregado sem levar em conta o grau de gravidade das intervenções, o contexto, os motivos pelos quais são feitas, é questionado por várias razões".[4]

Em primeiro lugar, o termo "mutilação" é impreciso. Engloba uma grande diversidade de operações que não têm as mesmas consequências sobre a sexualidade e a saúde. Por exemplo, "as perfurações ou incisões rituais, sem ablação de tecidos, não causam necessariamente danos funcionais e não ocasionam nenhuma alteração da morfologia dos órgãos genitais femininos externos".[5]

Em seguida, o termo "mutilação" desqualifica as motivações daquelas e daqueles que efetuam ou autorizam as operações. "Conota uma intenção de causar danos ou desfigurar. Ora, os pais que requerem uma cirurgia genital para seus filhos – menina, menino ou intersexo/DSD (*disorder sex developments*) –,

---

hormonal, anatômica) de um indivíduo não correspondem às normas de gêneros estabelecidas.

3 Brian D. Earp e Sara Johnsdotter, "Current Critiques of the WHO Policy on Female Genital Mutilations". *International Journal of Impotence Research*, pp. 1–43, dez. 2020, disponível online.

4 Ibid., p. 4.

5 Ibid., p. 5.

por exemplo, nunca aceitarão falar de mutilação, mas, com ou sem razão, de terapia ou de melhora".[6]

Lembremos que, segundo as normas médicas atuais, um corpo é considerado geneticamente masculino se tem uma combinação cromossômica xy e geneticamente feminino se sua combinação cromossômica é xx.

As crianças ditas "intersexo" (termo também muito criticado) sofrem operações de transformação genital até a pré-adolescência. Se o recém-nascido intersexo, depois de análise cromossômica, é considerado geneticamente feminino (xx), por exemplo, a cirurgia intervém para suprimir os tecidos genitais que poderiam confundir-se com um pênis. A reconstrução da vulva (acompanhada pela redução do clitóris) começa geralmente por volta dos três meses de idade. Se o órgão visível lembra o que a terminologia médica chama de um pênis-clitóris, na maioria dos casos essa operação implica, ao contrário, uma transformação do clitóris em pênis.

Ora, a que grau de indeterminação pode-se considerar que é normal intervir nos órgãos genitais de uma criança?

Outro argumento contra o emprego do termo "mutilação" diz respeito ao fato de nunca ser aplicado a formas de mutilações ocidentais igualmente invasivas "como a 'labioplastia (ou ninfoplastia) cosmética', cada vez mais em voga entre as jovens adolescentes nos Estados Unidos e em outros lugares por razões estéticas".[7]

Observa-se também que "a linguagem da 'mutilação' é aplicada sem discriminação a todas as formas não ocidentais de ablação genital praticadas nas mulheres, enquanto nenhuma forma de ablação genital masculina não medicamente neces-

6   Ibid., p. 6.
7   Ibid., p. 7.

sária é oficialmente considerada *male genital cutting* (MGC), independentemente de sua gravidade, de seu caráter consentido ou não ou de sua periculosidade".[8]

Por que então não inverter a equação excisão = circuncisão (feminina) e considerar precisamente a circuncisão uma forma de excisão (masculina)?[9] Esta última também comporta riscos de infecção, herpes e problemas neurológicos quando é praticada com instrumentos não esterilizados, sem anestesia, para não mencionar as consequências negativas sobre a vida sexual. Nesse sentido, por que finalmente se proibiu na França, como vimos, a equação entre circuncisão e excisão, que no entanto é admitida no fim dos anos 1950? Essa interdição é realmente justificada?

O próprio termo "mutilação", por fim, é suscetível de causar prejuízo ao prazer. Ele pode estigmatizar inutilmente as mulheres, ter consequências negativas sobre a autoimagem e a autoestima, aumentando assim o risco de agravamento do traumatismo. Muitos o consideram difamatório. Às vezes, mulheres jovens ditas "excisadas", "sem clitóris" em um país ocidental (sendo essas designações mesmas ocidentais), desenvolvem um complexo e pensam que serão por toda a vida proibidas de prazer, ao passo que "tal não é necessariamente o caso".[10]

---

8 Ibid., pp. 4–5.

9 "As mutilações genitais masculinas (MGC) englobam as picadas rituais (*hatafat dam brit*, por exemplo), as perfurações, a raspagem do interior da uretra, as sangrias, as incisões da haste do pênis, a fenda do prepúcio (entre diversos grupos étnicos de Papua-Nova Guiné, por exemplo), assim como a circuncisão forçada como punição de guerra, a subincisão [...] na Austrália aborígene, a castração (mais rara hoje em dia, mas ainda praticada entre os hijra na Índia) e as amputações" (ibid., p. 6).

10 Sem falar no termo de "reparação", pelo qual se qualificam as operações reconstrutoras das partes genitais. O que é, exatamente, uma "mulher reparada"?

O que é então que apaga o prazer? A mutilação como gesto ou a mutilação como nome?

A mutilação apaga o prazer: podem as duas significações possíveis da fórmula se manter na lacuna imperceptível que as separa uma da outra? Existe pois uma distância da linguagem em relação a si mesma, de uma frase em relação a si mesma? Como (não) entender ao mesmo tempo as condenações das MSF ou MGF e a rejeição dos próprios termos dessa condenação?

"Como articular a justeza ou a justiça dos argumentos?", pergunta Delphine Gardey. "É preciso ser míope ou inumana/o em nome do respeito à diferença e à luta contra o neocolonialismo? É proibido mobilizar-se quando se constatam graves danos às pessoas? Pode-se ser "ativista" sem desprezar ou condenar a cultura dos outros? E existem alternativas além da formulação desses impasses? Criticar as "mutilações sexuais femininas" significa impor as normas ocidentais dominantes? Não fazê-lo seria dar aval a práticas como a excisão ou ratificar sua perpetuação?"[11]

Será que o feminismo hoje se impõe, impõe a si mesmo, como uma forma de esquizofrenia?

11 Delphine Gardey, *Politique du clitoris*, op. cit., p. 90.

12.
CORPOS
TECNOLOGICAMENTE
MODIFICADOS
Paul B. Preciado e o transfeminismo

Nesse ponto você tenta arrancar m/eus rins. Eles resistem. Você toca em m/inha vesícula verde. E/u m/e farto, e/u reclamo, e/u caio num abismo, m/inha cabeça é arrastada, m/eu coração chega até a borda de m/eus dentes, parece que todo m/eu sangue congelou em m/inhas artérias.
MONIQUE WITTIG, *O corpo lésbico*, 1973

Não existem corpos intactos. Corpos que seriam naturalmente o que são e cuja identidade de gênero não sofreria nenhuma transformação. E a fronteira entre transformação e mutilação talvez não seja tão grande. Essas questões estão no centro da obra de Paul B. Preciado, filósofo transfeminista. Do *Manifesto contrassexual*, passando por *Testo Junkie*, até *Um apartamento em Urano* e *Eu sou o monstro que vos fala*,[1] Preciado descreveu e pensou, a partir do entrelaçamento íntimo do biológico com o tecnológico, as metamorfoses de seu corpo e de seu gênero, as mutações de seu psiquismo, a constituição plástica de sua identidade, que, de Beatriz do início, passou a ser Paul.

Eu me tornei queer quando a crise da aids começou a matar os melhores de nós. Mudei para o movimento transgênero quando os hormônios se tornaram código político. Nos últimos oito anos, transicionei lentamente, usando testosterona em gel em peque-

---

1 Paul B. Preciado, *Manifesto contrassexual: práticas subversivas de identidade sexual*, trad. Maria Paula Gurgel Ribeiro. Rio de Janeiro: Zahar, 2022; *Testo Junkie: sexo, drogas e biopolítica na era farmaco-pornográfica*, trad. Maria Paula Gurgel Ribeiro. São Paulo: n-1 Edições, 2018; *Um apartamento em Urano*, op. cit.; *Eu sou o monstro que vos fala: relatório para uma academia de psicanálise*, trad. Carla Rodrigues. Rio de Janeiro: Zahar, 2022.

nas doses para modular meu gênero transmasculino. Mas, nos últimos seis meses, decidi me aventurar em uma velocidade diferente. Estou injetando testosterona em mim mesmo a cada dez dias. Também mudei meu nome para Paul. Crescem pelos nas minhas pernas. Enquanto isso, meu rosto está se transformando no rosto de Paul. Entre linguagem e moléculas bioquímicas, fabrica-se uma subjetividade política."[2]

Em 2017, Preciado tornou-se legalmente um "homem", sem todavia se reconhecer subjetivamente homem ou mulher e por isso se declarando "não binário".

Nessa obra, nesse percurso e nesse corpo que constantemente se reinventam, todas as dicotomias se estilhaçam. Incluindo a dicotomia entre sujeitos "cisgêneros" e "transgêneros" (*cis* e *trans*). O termo "cissexual (*zissexuell*)",[3] agora mais referido como "cisgênero" (*cisgender*), aparece na virada dos anos 2000 para designar "os indivíduos cujo gênero de nascimento, corpo e identidade pessoal coincidem". Assim, um homem ou uma mulher "cisgêneros" são um homem e uma mulher cujo sexo de nascimento e gênero social estão alinhados. Mais amplo do que a categoria de transsexual, o qualificativo transgênero caracteriza os indivíduos cuja identidade de gênero é diferente do sexo atribuído no nascimento. Em latim, *cis* significa "do mesmo lado", e *trans*, "do outro lado".

2   Id., *Transfeminismo*, trad. Inaê Diana Lieksa. São Paulo: n-1 edições, 2018, pp. 3–4.
3   O termo é invenção do médico e sociólogo Volkmar Sigusch, que o emprega em seus artigos *Die Transsexuellen und unser nosomorpher Blick I*, *ZfS*, v. 4, n. 3, 1991, pp. 225–56, e "The Neosexual Revolution", in *Archives of Social Behavior*, v. 27, 1998, pp. 331–59.

Cisalpino significava, a partir da Gália, "deste lado dos Alpes", transalpino, "do outro lado".[4]

Na realidade, não há duas mãos, mas uma multiplicidade de lados, inclinações, relevos e fronteiras. Uma multiplicidade de gêneros e até de clitóris. De qualquer maneira, não se tem o próprio gênero. É antes o gênero que possui o sujeito, que o põe em movimento como faria uma máquina. Essa máquina é uma rede de normas logísticas, biomédicas e culturais que desarranjam sistematicamente a ordem heterossexual. Que mulher nunca transformou seu corpo tomando estrógenos e progesterona? Será que um corpo de mulher *cis* já não é sempre *trans* devido ao consumo de hormônios contidos na pílula ou [aos] tratamentos de reposição da menopausa, para citar apenas esses exemplos bastante conhecidos? Nesse sentido, o sujeito do transfeminismo não são as mulheres nem os homens, mas os usuários de tecnologias como pílula, testosterona, Viagra, Truvada...[5]

Esta é uma revolução somatopolítica: o surgimento de todos os corpos vulneráveis contra as tecnologias de opressão. A figura-chave do transfeminismo, inspirada pelo manifesto de Haraway, não é nem um homem, nem uma mulher, mas um hacker mutante. A questão não é: o que eu sou? Qual sexo ou qual sexualidade? Mas: como isto funciona? Como podemos interferir no seu funcionamento? E, mais importante ainda: como isso pode funcionar de outro modo?[6]

4 Mais precisamente, esses adjetivos designam a situação da Gália vista de Roma. Transalpino e cisalpino podem ser sinônimos ou antônimos, segundo o ponto de vista.

5 Cf. P. B. Preciado, *Transfeminismo*, op. cit., p. 11.

6 Ibid., pp. 11–12. Ver também sobre esse ponto Gayle Salamon, *Assuming a Body: Transgender and Rhetoric of Materiality*. New York: Columbia University Press, 2010.

Mais uma vez, não existe corpo indene, corpo intocado pelos artefatos e próteses farmacológicos. Nesse sentido, todos os corpos, e não somente os das mulheres, são frágeis porque fabricados. E mutilados.

Embora denuncie as derivas da biopolítica, Preciado não odeia a biologia. O caráter construído do gênero, para ele, nunca apaga a materialidade, o empirismo sanguíneo, glandular, epigenético do sexo. Essa materialidade é o todo e a parte da gênese do gênero. O que é a matéria de um corpo? Judith Butler já havia perguntado em *Corpos que importam*.[7] O gênero, para Preciado, está implicado na distribuição carnal do sexo, do sangue, das vísceras, dos órgãos. Por essa razão, o gênero não é simplesmente performativo,

> é puramente construído e ao mesmo tempo inteiramente orgânico. [...] Sua plasticidade carnal desestabiliza a distinção entre o imitado e o imitador, entre a verdade e a representação da verdade, entre a referência e o referente, entre a natureza e o artifício, entre os órgãos sexuais e as práticas do sexo.[8]

O sexo é precisamente o permutador que permite a circulação entre a dimensão simbólica e a dimensão material do corpo. De um lado, "o sexo é uma tecnologia".[9] Do outro, não existe sem "determinados órgãos".[10] De um lado, o sexo influi sobre o gênero, envia-lhe sinais químicos, transmite-lhe impulsos. Logo,

---

7 Cf. Judith Butler, *Corpos que importam: os limites discursivos do "sexo"*, trad. Veronica Daminelli e Daniel Yago Françoli. São Paulo: n-1 edições, 2019.

8 P. B. Preciado, *Manifesto contrassexual*, op. cit., p. 29.

9 Ibid., p. 25.

10 Ibid.

o tecido sensível do corpo nunca desaparece. A respeito de sua nova voz, "masculina", Preciado declara: "É com essa voz, fabricada, mas biológica, estranha mas inteiramente minha, que me dirijo aos caros senhoras e senhores".[11]

Quem são esses "senhoras e senhores"? *Eu sou o monstro que vos fala* é o texto de uma conferência pronunciada em 2017, no Palais des Congrès, diante de 3 500 psicanalistas franceses reunidos em torno do seguinte tema: as mulheres e a psicanálise. O combate transfeminista lhes era aparentemente estranho. Diz Preciado:

> Meu discurso provocou um terremoto. Quando perguntei se havia na sala algum ou alguma psicanalista homossexual, trans ou de gênero não binário, fez-se um silêncio pesado, rompido apenas por algumas risadinhas nervosas. Quando pedi às instituições psicanalíticas que assumissem sua responsabilidade diante da atual transformação da epistemologia sexual e de gênero, metade da sala riu, enquanto outros reagiram com gritos ou me pedindo para sair.[12]

Outros ouvintes brandiram o suposto caráter irredutível da diferença sexual. Preciado respondeu:

> Não me digam que a diferença sexual não é crucial para explicar a estrutura do aparelho psíquico na psicanálise. Todo o edifício freudiano está pensado a partir da posição da masculinidade patriarcal, do corpo masculino heterossexual compreendido como um corpo com um pênis erétil, penetrante e ejaculador; é por isso que as "mulheres" na psicanálise, esses estranhos animais (por

---

11 Ibid., *Eu sou o monstro que vos fala*, op. cit., p. 29.
12 Ibid., p. 9.

vezes) equipados com úteros reprodutores e clitóris, são sempre e continuarão a ser um problema. É por isso que, em pleno 2019, as senhoras e os senhores ainda precisam de uma jornada especial para falar das "mulheres na psicanálise".[13]

Périplo surpreendente, que levou cinquenta anos para dar a volta ao globo, à psique e aos corpos. Do discurso de Dolto pronunciado no congresso sobre a sexualidade feminina ao discurso transgênero pronunciado no congresso sobre as mulheres da psicanálise, tudo mudou, nada mudou.

13   Ibid., pp. 57–58.

13.
"MEA VULVA, MEA MAXIMA VULVA"
Ninfas 4: ninfomaníaca

Ninfomaníaca, o filme de Lars von Trier, não foi bem recebido.[1] Considerado chocante, desnecessariamente provocador, sangrento, teve de ser edulcorado, e a versão que circula hoje não é, portanto, a original. O filme é composto de dois movimentos, *Ninfomaníaca* I e *Ninfomaníaca* II. A personagem principal, uma mulher chamada Joe (em homenagem à canção de Jimi Hendrix, "Hey Joe"), conta sua história em vários "capítulos" a um homem chamado Seligman. O filme todo é um flashback das conversas entre eles.

Depois de pedir a seu vizinho Jérôme para deflorá-la, a jovem Joe, filha de um botânico de quem é muito próxima, logo se descobre ninfômana. Desfrutando de múltiplos amantes, em geral concomitantes (eu gostaria de me estender na cena em que a mulher enganada, encarnada por Uma Thurman, acompanhada de seus dois filhinhos vai gritar seu desespero ao marido que a deixou por Joe, que não está nem aí), ela se casa com Jérôme, a quem reencontrou por acaso alguns anos depois. Os primeiros tempos do casamento são felizes, o sexo com Jérôme, perfeito. Mas de repente Joe deixa de sentir prazer, "não sinto mais nada", ela diz. "Em um instante", ela conta a Seligman, "perdi toda sensação sexual, minha boceta ficou insensível (*my cunt simply went numb*)".

Jérôme e ela têm um filho, Marcel, de quem Joe se afasta desde o começo após um parto por cesariana que a repugna. Para tentar recuperar o prazer, ela retoma, com a anuência de Jérôme, as experiências eróticas com desconhecidos (daí a cena com os dois homens negros que tanto chocou). Mas só encontra êxtase com um anônimo, um estranho profissional pago para bater nas mulheres, que se recusa a qualquer troca sexual além dos golpes e dá apelidos a suas clientes sem nunca

---

1 Lars von Trier, *Ninfomaníaca* I e II, 2013.

conhecer a verdadeira identidade delas. Joe é "Fido". Nós a vemos, dobrada em dois sobre o braço de um sofá, amarrada, com a cabeça abaixada, enquanto chicotadas e golpes de corda com nós lhe laceram as nádegas, única parte descoberta do corpo. O prazer volta, intenso. A história com Jérôme não sobrevive. O casal se separa, Marcel é entregue ao Conselho Tutelar.

Agora Joe precisa ganhar a vida, mas a diretora do escritório a obriga a seguir uma terapia, pois sua obsessão sexual (ela continua suas múltiplas experiências, dessa vez com seus colegas) torna-se incompatível com o trabalho. Ela inicia as sessões de grupo, organizadas segundo o modelo dos Alcoólicos Anônimos, cada "paciente" (estranhamente, só há mulheres) devendo começar todas as falas com: "Sou viciada nisso ou naquilo". Joe respeitará a regra e declara: "Sou viciada em sexo (*I am a sex addict*)". Ela preferiria dizer: "Sou ninfomaníaca (*I am a nymphomaniac*)", mas a terapeuta não permite. A diferença entre viciada em sexo e ninfômana não é justificada, a fórmula simplesmente lhe é imposta. Será então mais correto dizer viciada em sexo? Seria preciso estudar de perto a imposição desse novo conceito de vício em sexo. O que ele acrescenta? O que subtrai da ninfomania? É possível realmente ser viciada em sexo como ocorre com a heroína? De qualquer forma, eu, como Joe, acho o termo ridículo.

No começo, Joe aceita curvar-se ao reinado dessa nova terminologia, politicamente correta, mas logo se revolta contra a terapeuta, abandona o grupo bradando seu desprezo pelos outros membros e mais uma vez se assume em alto e bom som como ninfômana.

Ela então é contatada por uma organização mafiosa que, conhecendo seus talentos sadomasoquistas e sua pretensa depravação moral, a emprega para cobrar seus devedores à força. Acompanhada por dois capangas, sua tarefa consiste em fazer com que confessem suas fantasias mais secretas e então lhes impingir suplícios físicos e psíquicos. Seu "chefe" pede depois que ela investigue uma adolescente, P., para testar sua aptidão para fazer o mesmo trabalho. Joe terá uma relação erótica com essa moça.

Acontece que Jérôme é um dos devedores da "firma" mafiosa. P. é escolhida para fazê-lo confessar e pagar, mas ela se apaixona por ele e, para desespero de Joe, eles se envolvem.

Joe, que diz nunca ter sentido amor, a não ser por seu pai, descobre que na realidade está apaixonada por Jérôme e por P., e não consegue deixar de sentir ciúme. Uma noite, ela espia os amantes em uma passagem subterrânea, tenta matar Jérôme mas o revólver trava. Jérôme a espanca, faz amor com P. na frente dela e depois a abandona caída no chão. Dessa vez a ninfa *urina*.

Joe é então salva por um homem chamado Seligman, que, ao passar pela viela, a vê e a recolhe. Joe lhe conta sua história e Seligman a comenta, estabelecendo relações sistemáticas com momentos-chave da cultura ocidental, música, pintura, matemática... e tradições de pesca ou de caça.

Joe lhe confia sua decisão de pôr um fim no passado, o que significa para ela abstinência sexual total. Seligman a escuta com muita benevolência. Todavia, de modo inesperado, terrivelmente decepcionante, ele tenta penetrá-la enquanto ela dorme. Dessa vez o revólver não falha.

Esse filme é de uma rara intensidade e penso que aqueles que o vilipendiaram com tanta veemência não o compreenderam. Desconcertante, magnífico – e Charlotte Gainsbourg é de uma precisão impressionante –, o filme é cru, é verdadeiro. Mas seu poder de verdade, como sempre acontece com Lars von Trier, é a um tempo insuportável e incontestável.

É importante relembrar os detalhes da história, justamente porque ela não se encaixa em nenhum tipo de narrativa. Toda a intensidade do filme se concentra na distância entre o fato bruto, sem explicação, de uma sexualidade descrita como um inferno, e o desenrolar da vida de uma mulher. Por isso o itinerário de Joe não é somente narrativo, é sobretudo morfológico. Longe das habituais "Vidas sexuais de...", *Ninfomaníaca* pretende mostrar a formação de um corpo em dissociação aguda com sua sexualidade, da primeira infância à idade adulta. Cinco atrizes para cinco Joes. Ronja Rissman é Joe aos dois anos, Maja Arsovic, aos sete, Ananya Berg, aos dez, Stacy Martin, entre quinze e trinta, Charlotte Gainsbourg, entre trinta e quarenta anos. Cinco Joes que se fundem umas nas outras, uma lembrando a outra em vertiginosas reverberações.

A morfologia da dissonância sexual gira em torno do enigma da deserção súbita do prazer. Um prazer que a partir de então será preciso buscar longe, muito longe, na violência, para além até do sadomasoquismo. Tão longe que a busca alcança uma espécie de santidade paradoxal. Nessa procura absoluta do absoluto, a figura de Seligman aparece como um aceno de Deus. A deserção do prazer se materializa em uma ferida: a ferida do clitóris.

Em quatro horas, só vemos o clitóris uma vez, numa prancha de anatomia. Será mesmo um clitóris, ou a fenda dos lábios? Não fica claro. Alguns close-ups se demoram nas nádegas de Joe, em seu sexo visto de trás quando ela está amarrada, cativa de seu carrasco. Um único ato de cunilíngua também é filmado de perto. Mas a única entrada em cena real, visível, do clitóris é a de uma ferida. Um dia, Joe descobre, no banheiro, que seu clitóris está sangrando. "Meu clitóris começou a sangrar cada vez com mais frequência." E quando P. quer fazer amor pela primeira vez com ela, Joe resiste: "Tenho uma ferida (*I have a wound*)".

Por que esse sangramento? De que maneira os abusos sexuais poderiam provocá-lo? Seria um efeito do chicote? Pouco provável, dada a posição. Trata-se antes, com toda evidência, de uma ferida simbólica. A zona branca da compulsão. Como se o clitóris permanecesse dolorosamente intocável. Santificado e maldito. Vítima de uma vagina devoradora, jamais preenchida o bastante – em um restaurante, Joe introduz nela, a pedido de Jérôme, uma dezena de colheres de sobremesa –, o clitóris banha-se no sangue de seu enigma.

A genialidade do filme é ter ligado a ninfomania à ausência de prazer e à ferida. A sexualidade é a experiência da violência, física, social, moral, psíquica. Solidão, atomização, abandono, distanciamento, separação. Só a violência faz gozar.

Seligman compara Joe à ninfa, utilizada na pesca com mosca. A ninfa é uma isca composta de uma bolinha e um corpo de fio de prumo, guarnecido de crina ou de pelo, no qual se enrola o anzol. Joe menina é a ninfa, a bela sereia que não sabe que no meio de seu corpo se esconde um pequeno arpão no lugar do clitóris.

Em *Ninfomaníaca*, a ninfa não é a musa, o ideal nem a imagem, mas a angústia de um corpo que carrega a morte do prazer. Lars von Trier foi criticado por privilegiar o sexo em detrimento do gênero. Não considero essa crítica pertinente (Joe não é um nome não binário?). Como em todos os seus filmes, ele se detém no limiar da diferença entre mulher e feminino, uma diferença ferida, cujo órgão só é visto em negativo ou em transparência.

Tenho uma reserva a propósito da escolha da abstinência definitiva como solução para as torturas do prazer. Mas von Trier talvez pensasse que não há solução para o prazer apagado a não ser mais apagamento do prazer.

14.
ZONAS DE
ÊXTASE DO REAL

O mulherismo está para o feminismo assim como o roxo está para a lavanda.

ALICE WALKER, *Em busca dos jardins de nossas mães: prosa mulherista*, 1983

Em *Changer de différence: la question féminine en philosophie* [Mudar de diferença: a questão feminina na filosofia],[1] contei e analisei minha experiência de mulher filósofa, meu itinerário de pensamento, minha prática dos textos.

Minha intenção era descrever os possíveis efeitos da entrada no círculo de uma disciplina espiritual forte – da qual a filosofia é apenas um exemplo –, os efeitos sobre a sexualidade e o gênero da pessoa que ingressa nesse círculo. Pensava, e ainda penso, que essa experiência, além ou talvez em razão de sua singularidade, pudesse ser esclarecedora. Tinha chegado o momento de abandonar a crença de que filosofar e "desgenerizar" são indissociáveis. Com Irigaray, percebi que "falar nunca é neutro".[2] Eu deixaria de me abrigar atrás da pretensa assexualidade do sujeito filosófico, argumento apresentado mais frequentemente pelas mulheres para conseguir subsistir nesse concentrado de testosterona categorial que é o discurso filosófico tradicional.

---

1 Catherine Malabou, *Changer de Différence: le féminin et la philosophique*. Paris: Galilée, 2007.

2 "A neutralidade do *logos* é uma posição que o pensamento feminino tende a adotar. A partir do momento em que se trata de demonstrar o verdadeiro e o justo, a ideia de que ser macho ou fêmea seria indiferente, essa ideia se forma de preferência no espírito feminino e portanto não por acaso a encontramos mais frequentemente expressa por mulheres do que por homens" (Luisa Muraro, "Le Penseur neutre était une Femme". *Langages*, n. 85, 1987, p. 35).

Hoje admito estar menos interessada no rastreio do falocentrismo nos textos do que na exploração do poder de moldagem somática da filosofia. Ao contrário do que se acredita, esta forma o corpo, como tentei mostrar em outro texto a respeito da relação entre o pensamento e seu outro órgão – o cérebro. A filosofia não trabalha os corpos unicamente para fins ortopédicos. Não se trata apenas de adestramento. Ela também esculpe uma erótica que permite novas conexões entre energia espiritual e energia libidinal. Não estou falando de uma sexualidade idealizada ou metaforizada, mas de um efeito sexualizante do discurso.

Entrar na filosofia e entrar em meu corpo acabaram por se confundir em uma mesma experiência. É evidente que não tenho mais o mesmo corpo desde que penso, por assim dizer. Ou melhor, agora tenho muitos. Deveria então dizer: "entrar na filosofia e entrar em meus corpos acabaram por se confundir". O esforço para dar fluidez a meu desejo, enriquecer minhas "relações sexuais" com outras/os parceiras/os, não somente reais, mas também virtuais, lógicas/os, textuais, também moldou meu sexo, o fez vibrar, palpitar, existir de um modo inédito que não tem nada a ver com sublimação.

Não existe em mim uma mente não binária e um corpo clitoridiano. A não binaridade intelectual é o contrário de uma dessexualização. Assim como a libido clitoridiana não está separada do intelecto. Meu clitóris está em sincronia com meu cérebro, a linha de fogo se estende de um extremo a outro de meu corpo. Curiosamente, essa linha me põe frente ao desafio de me "identificar" sexualmente, pois as categorias disponíveis para fazê-lo são cada vez mais porosas.

Antes eu era uma menina, segundo normas de gênero bastante convencionais que, ao mesmo tempo, eu não conseguia seguir. A filosofia foi para mim – ainda é – o sucesso desse fracasso. Ela me ensinou a duvidar de minha feminilidade, possibilitando a multiplicação de meus gêneros, isto é, ela me deu outra razão para duvidar de minha feminilidade. Meu clitóris já tinha uma existência dupla, de sexo e de gênero, anatômica e social. A filosofia adicionou a existência política de um clitóris transgênero.

"Feminino" é o termo que me parece o menos inadequado para caracterizar essa situação. Um feminino fora da diferença sexual, fora da heteronormatividade. Um feminino de *subjetivação*. Não compartilho as críticas da palavra "feminismo", que, ao contrário do transfeminismo, é suspeita de ser mais ligada a uma política da identidade que a um processo de desidentificação. Jacques Rancière tem razão ao escrever que "toda subjetivação é uma desidentificação, o arrancar à naturalidade de um lugar, a abertura de um espaço de sujeito onde qualquer um pode contar-se porque é o espaço de uma contagem dos incontados."[3] A "'Mulher' em política é o sujeito de experiência – o sujeito desnaturado, desfeminizado – que mede a distância entre uma parcela reconhecida [...] e uma ausência de parcela".[4]

Sei que se trata de uma coisa difícil de entender e de fazer entender, mas, repito, mulher e feminino não são inteiramente assimiláveis um ao outro. É esse excesso do feminino em relação à mulher, de uma plasticidade do gênero em relação ao próprio gênero que o clitóris torna sensível. Sua cumplicidade com o feminino consiste em ambos sobrevive-

---

3 Jacques Rancière, *O desentendimento: política e filosofia*, trad. Ângela Leite Lopes. São Paulo: Editora 34, 2018, p. 50.
4 Ibid.

rem a seus apagamentos, a suas mutilações, às violências que sofrem, como fantasmas indestrutíveis. Marcando um lugar vazio mas aberto.

Acredito até que, em torno desse lugar, os feminismos, se não se entendem, podem ao menos se escutar. Tiro daí três exemplos.

Silvia Federici, feminista radical italiana, autora do conhecido *Calibã e a bruxa: mulheres, corpos e a acumulação primitiva*,[5] foi violentamente criticada por ter, em sua última publicação, *Além da pele*,[6] acusado a teoria de gênero, por um lado, e o transfeminismo, por outro, de eclipsar a questão do feminino. Ainda que não defenda a posição dela, creio compreender sua frustração e seu sofrimento. Aludindo à violência praticada contra as mulheres no mundo, ela afirma que "se retirarmos 'mulheres' como categoria político-analítica o feminismo desaparece".[7] É certo que essa declaração, que tende a universalizar uma experiência de opressão, pode ser contestável.[8] Mas, como sublinha Mara Mantanaro em sua bela resenha da obra, na verdade a afirmação de Federici diz respeito mais ao feminino do que à mulher: "O corpo das mulheres é [...] um campo de intersecção das forças materiais e simbólicas, não é

---

5 Silvia Federici, *Calibã e a bruxa: mulheres, corpos e a acumulação primitiva*, trad. Coletivo Sycorax. São Paulo: Elefante, 2019.

6 Id., *Além da pele: repensar, refazer e reivindicar o corpo no capitalismo contemporâneo*. São Paulo: Elefante, 2023.

7 Ibid., p. 25.

8 Mara Mantanaro, "Corps résistants et puissants chez Silvia Federici. Une stratégie d'insurrection féministe. À propos de *Par-delà les frontières du corps. Repenser, refaire et revendiquer le corps dans le capitalisme tardif*, de Silvia Federici", *Contretemps, Revue de Critique Communiste*, 18 jun. 2020. Ver também Elsa Dorlin, "Vers une Épistémologie des résistances", in Elsa Dorlin (org.), *Sexe, race, classe, pour une épistémologie de la domination*. Paris: PUF, 2009.

um destino anatômico. A questão toda do movimento de revolta feminista foi [...] desnaturalizar o que uma mulher deveria ser e fazer".[9] Mais uma vez o feminino pode se definir como o que vem depois da desnaturalização da mulher. A obsessão que suscita se mantém irredutível, a violência dos gestos que tentam apagá-lo o transforma de imediato em membro fantasma. Como um clitóris cortado. Por isso sua negação faz sofrer. Compartilho com Federici o ceticismo a respeito de um feminismo excisado do feminino.

A fragilidade do argumento de Federici é considerar que a teoria de gênero ou o transfeminismo não são objeto desse ceticismo e que descartam a persistência fantasmagórica do feminino.

Segunda voz. Em *Eu sou o monstro que vos fala*, Preciado escreve: "decidi deixar de ser mulher. Por que o abandono da feminilidade não pode se tornar uma estratégia fundamental do feminismo?".[10] Essa declaração é aparentemente contrária à de Federici. Mas Preciado fala aqui da mulher, não do feminino. Dispensar e lamentar não são a mesma coisa. Paul abandonou a feminilidade, mas talvez não o feminino, posto que todos os seus livros trazem a marca de seu luto.

Contrariamente ao que acreditam e preconizam a medicina ou a psiquiatria, não cessei completamente de ser Beatriz para me tornar Paul. Meu corpo vivo – não diria meu inconsciente ou minha consciência, mas meu corpo vivo, que engloba tudo em suas constantes mutações e múltiplas evoluções – é como uma cidade grega onde coexistem, com variados graus de energia, edifícios

9   Ibid., p. 4.
10   P. B. Preciado, *Eu sou o monstro que vos fala*, op. cit., p. 21.

trans contemporâneos, uma arquitetura lésbica pós-moderna e belas casas art déco, mas também velhas casas de campo sob cujas fundações subsistem ruínas clássicas, animais ou vegetais, substratos minerais e químicos por vezes invisíveis. Os rastros que a vida passada deixou na minha memória se tornaram cada vez mais complexos e conectados, formando um amontoado de forças vivas [...].[11]

O que subsiste continua vivo. O feminino ocupa evidentemente uma prateleira inteira dessa biblioteca do corpo...

Uma terceira reflexão muito marcante sobre essa relação difícil com o feminino é a de Jack Halberstam, teórico e acadêmico americano transgênero, que analisa o ressentimento de certas lésbicas em relação aos transgêneros FTM (*female-to-male* [ou homem transsexual]), que segundo elas "trairiam" o feminino deixando de ser mulheres. "Algumas lésbicas parecem ver os FTMs como traidores do movimento das 'mulheres', que vão para o outro lado e se tornam o inimigo. Alguns FTMs vêm o feminismo lésbico como um discurso que demoniza tanto eles como sua masculinidade. Algumas '*butches*' [lésbicas machonas] consideram que os FTMs são *butches* que 'acreditam na anatomia', e alguns FTMs pensam que as *butches* são FTMs que têm medo de transicionar".[12]

Esse texto notável mostra que o "abandono" de um gênero é uma questão muito conflituosa também nos meios não heterossexuais, que chega a provocar uma guerra de fronteira entre queer e transgêneros. Em um texto anterior, Halbers-

---

11 Ibid., p. 35.
12 Judith/Jack Halberstam, "Transgender Butch, Butch/FTM Border Wars and the Masculine Continuum". *GLQ: A Journal of Lesbian and Gay Studies*, v. 4, n. 2, 1998, p. 287.

tam havia feito essa pergunta ingênua: "Por que razão, nestes tempos de transitividade dos gêneros, quando admitimos que o gênero é um constructo social, a transexualidade é um fenômeno de grande escala (*why, in this age of gender transitivity, when we have agreed that gender is a social constructo, is transsexuality a wide-scale phenomenon*)?".[13] A transexualidade implica uma espécie de reafirmação anatômica? Uma renaturalização do gênero pelo sexo? Halberstam ainda diz: "Também eu considerava implicitamente dar preferência ao trans não operado em relação ao transgênero identificado (*nonoperated-upon transgender-identified person*)".[14] Essa reflexão me interessa particularmente porque tem a coragem de interrogar o que, exatamente, no caso de uma transição com cirurgia, é abandonado. O que desaparece e o que resta do feminino.[15]

Pode-se argumentar que as mesmas questões se colocam a respeito do "masculino". Isso não é totalmente verdadeiro. É indiscutível que masculinidade não coincide necessariamente com virilidade ou com o fato anatômico de ser homem. Mas muitos estudos, análises, representações, artísticas ou outras, foram consagrados a essa anatomia, a essa virilidade, às lógicas da masculinidade em geral, de modo que não poderíamos estabelecer um equilíbrio entre estas e as abordagens da anatomia feminina, de suas representações, de seus esquemas reduzidos

---

13 Ibid., p. 289.

14 Ibid.

15 Halberstam conclui: "existe uma variedade de corpos de gênero fora da lei (*gender-outlaw bodies*) sob o signo de masculinidades e feminilidades não normativos. A tarefa não é decidir quem encarna melhor a resistência, mas efetuar o trabalho de estudo de seus traços distintivos" (ibid., p. 292).

a alguns clichês. Há uma evidente desproporção de visibilidade. Daí a urgência de trazer de volta, sempre, o fantasma, isto é, a realidade do feminino.

Agora, que sentido pode ter para os não filósofos a experiência de um filósofo sobre essas questões? Pois ela é comparável a qualquer confissão, qualquer relato de iniciação, de trauma ou de transição. "Eu", em toda essa história, não é mais eu que outra ou outro. Ninguém tem escolha. O corpo biológico nunca é isolado nem autossuficiente. Ele se desloca sempre para além de seu invólucro primeiro (Beauvoir fala de "transcendência"), moldado por discursos, normas, representações. Um corpo é sempre um dispositivo de transferência, de circulação, de telepatia, entre uma realidade anatômica e uma projeção simbólica. Se o corpo fosse apenas um dado anatômico, não sobreviveria a suas feridas. Ele tem de permanecer sempre no mundo, e esse trabalho de acomodação supõe uma saída de si, a montagem de uma plataforma entre o biológico e o simbólico, corpo e carne do mundo. O simbólico não é a tumba da matéria, é sua realocação. A filosofia é minha plataforma. É apenas um exemplo de desidentificação reidentificante. Existem outros. Centenas de outros.

Para mim, a única maneira de suportar o falocentrismo filosófico é afirmar que a filosofia é não binária, o que, reitero, tampouco significa que ela seja neutra. Essa não binaridade atesta seu caráter desconstrutível. A desconstrução de um edifício conceitual sistemático passa necessariamente por um lugar que Derrida chamava de "pedra angular defeituosa".[16] Na verdade, essa "pedra" marca a presença de um outro sexo e

---

16 Jacques Derrida, *Mémoires, pour Paul de Man*. Paris: Galilée, 1998, pp. 82 ss.

um outro gênero de textos, que por si só os tornam legíveis. De uma zona clitoridiana do *logos*.

O clitóris dos textos marca o lugar onde os filósofos se comprazem e deixam de se identificar com seu sexo anatômico e seu gênero social. Nem sempre vemos esse lugar de imediato. Os cânones oficiais da interpretação tentam evidentemente apagá-lo. Sem sucesso. Na distância dos textos entre si se aloja toda uma série de formas que abalam o quadro do *logos* ocidental para abri-lo cada vez um pouco mais aos corpos estranhos e a formas não repertoriadas de prazer.

Mas não faço essencialismo filosófico. As plataformas que ligam o biológico ao simbólico são, mais uma vez, incontáveis. O real inteiro se presta à projeção simbólica dos corpos, está salpicado de zonas clitoridianas, de zonas de êxtase que poderiam se assemelhar às zonas erógenas freudianas se esse conceito tivesse logrado se impor.

O que dizem as zonas de êxtase do real?

Essa questão permite que eu expresse um incômodo em relação a certas reivindicações do clitóris, ainda fálicas demais para o meu gosto. "Como se tornar e se afirmar sujeito entre o pênis poderoso e o clitóris erétil?", tal era o título de um número da revista *Point[s] d'Accroche*.[17] As organizadoras ressaltavam que o clitóris ainda era frequentemente assimilado à potência.

Tornar-se sujeito implica necessariamente uma "potência", como proclama a lógica da dominação viril? A masculinidade seria então o único modelo a seguir para se afirmar como sujeito social? Não existiria "prazer" senão potente, dominante, erétil [...]? Não

17 *Point[s] d'Accroche*, revista digital. Argumentação publicada online por Céline Guilleux em 29 abr. 2015.

podemos representar o clitóris fora [...] de uma relação de força (considerando que Tiphaine Dee afirma em *Sur les Docks* que o clitóris é ainda mais "potente" que o pênis por ser o único órgão do corpo humano exclusivamente dedicado ao prazer, dotado do máximo de terminações nervosas)?[18]

Preciado por vezes tampouco evita certo discurso da potência e do sucesso. Lendo *Um apartamento em Urano*, fiquei surpresa ao descobrir essa metáfora:

> [...] Dirigimos ao longo da baía de San Francisco desde Santa Cruz, costeando o oceano Pacífico. Annie Sprinkle ao volante e eu de copiloto com seu cão, Butch. [...] Annie Sprinkle diz que San Francisco é o "clitóris da América", o menor e mais potente órgão do país: 121 quilômetros quadrados ultraeletrificados dos quais saem as redes de silício que conectam o mundo. Um dia foi a febre do ouro, hoje é a febre cibernética. Sexo e tecnologia. Sol e dólares. Ativismo e neoliberalismo. Inovação e controle. Google, Adobe,

18 Outra questão das organizadoras: "O estereótipo da mulher 'potente' posto em foco no mundo político, econômico e cultural, seria de fato um exemplo de liberação? Não seria o inverso daquele da mulher dominada, da mesma maneira que a mãe e a puta são as duas faces de uma mesma figura, a de um feminino assustador posto à distância?". Elas lembram também que "em 2008, no número de *Cahiers du genre* sobre "Les Fleurs du mâle: masculinités sans hommes?", Marie--Hélène/Sam Bourcier e Pascale Molinier colocam assim a questão: "A masculinidade seria o futuro da mulher?". Por "masculinidade", elas designam uma "fonte de *empowerment* e de prazer", afirmando que, "investida positivamente, ela é uma das maneiras de transformação possível das identidades de classe, gênero, raça, sexo, para indivíduos designados mulheres".

Cisco, eBay, Facebook, Tesla, Twitter... 121 quilômetros quadrados que concentram um terço do capital de risco dos Estados Unidos.[19]

Mal distingo o que diferencia essa visão do clitóris como hiperpotência daquela, clássica, do falo ereto.

Esse "clitóris da América" me lembra a famosa distinção que Roland Barthes faz entre o *studium* e o *punctum* de uma fotografia. "Reconhecer o *studium*", diz Barthes, "é fatalmente encontrar as intenções do fotógrafo, entrar em harmonia com elas, aprová-las, desaprová-las, mas sempre compreendê-las [...]".[20] O *studium* suscita "uma espécie de educação".[21] Mas subitamente algo "vem quebrar (ou escandir) o *studium*. Dessa vez, não sou eu que vou buscá-lo [...], é ele que parte da cena, como uma flecha, e vem me transpassar. [...] Chamarei então *punctum* [...]. O *punctum* de uma foto é esse acaso que, nela, me *punge* (mas também me mortifica, me fere)".[22] O "clitóris da América", definido como concentrado de potência, se assemelha a um *punctum*. Se o corpo da América é um *studium*, a Califórnia-clitóris seria essa flecha que transpassa, punge, atravessa o grande espaço de "afeto *médio*",[23] apenas interessante, do território.

Para mim, pensar o clitóris, ou melhor, deixá-lo pensar implica precisamente sair da dualidade *studium-punctum*, que reconduz à dicotomia passividade-atividade e a seus efeitos desastrosos, tanto para a lógica da virilidade que ela conota,

19 P. B. Preciado, *Um apartamento em Urano*, op. cit., pp. 262–63.
20 Roland Barthes, *A câmara clara: nota sobre a fotografia*, trad. Júlio Castañon Guimarães. Rio de Janeiro: Nova Fronteira, 1984, p. 48.
21 Ibid.
22 Ibid., p. 46.
23 Ibid., p. 45.

quanto para a recondução ao vaginal e ao clitoridiano que ela desperta.

O prazer clitoridiano não é o efeito de um transpassar, de uma penetração nem de uma punhalada. O que quer dizer também que, se as zonas de êxtase do real são também zonas de produção de sentido, este se manifesta sem sobressair, em todos os sentidos do termo.

O prazer fica entre o *studium* e o *punctum*, na lacuna entre eles; não é nem um nem outro. O clitóris – como o feminino – é relação *com o* poder, mas não relação *de* poder. Em todo caso, é nesses termos que o meu pensa.

O clitóris é um anarquista.

15.
CLITÓRIS, ANARQUIA E FEMININO

An-arkhia, em grego, designa literalmente a ausência de princípio (*arkhé*), isto é, de comando. Sem comando significa também sem começo. O *arkhé* determina uma ordem temporal ao privilegiar o que aparece em primeiro lugar, tanto na ordem do poder como na da cronologia. Anarquia, então, quer dizer sem hierarquia nem origem. A anarquia questiona a dependência e a derivação.

Durante séculos, "anarquia" significou somente desordem e caos. Aristóteles a definiu como a situação de um exército sem estratégia. Um exército que de repente se dispersa e já não sabe de onde vem nem para onde vai. Os soldados olham para trás e não veem mais seu general, só o vazio.

Em meados do século XIX, os anarquistas inverteram essas significações negativas, afirmando que "a anarquia é a ordem sem o poder".[1] Os soldados sem chefes devem aprender a se organizar sozinhos. Uma ordem sem comando nem começo não é na verdade necessariamente desordem, de maneira alguma, mas um arranjo diferente, uma ordem composta sem dominação. Que só procede de si mesma e nada espera que não seja de si mesma. Uma ordem das coisas sem ordens dadas.

A cumplicidade entre clitóris e anarquia deve-se antes a seu destino comum de passageiros clandestinos, a sua existência secreta, escondida, desconhecida. O clitóris por muito tempo foi também considerado um estorvo, um órgão supérfluo, inútil, zombador da ordem anatômica, política e social por sua independência libertária, sua dinâmica de prazer separado de qualquer princípio e de qualquer objetivo. Um clitóris não se governa. Apesar das tentativas de lhe encontrar senhores – autoridade

---

1 Pierre-Joseph Proudhon, *Les Confessions d'un révolutionnaire, pour server à l'histoire de la révolution de février*. Paris: Hachette-BnF, 2012.

patriarcal, ditame psicanalítico, imperativos morais, peso dos costumes, carga da ancestralidade –, ele resiste. Resiste à dominação pelo fato mesmo de sua indiferença ao poder e à potência.

A potência não é nada sem sua efetuação, seu exercício, como o atesta a aplicação de uma lei, de um decreto, de uma portaria ou mesmo de um conselho. A potência está sempre à espera de sua atualização. Atos, princípios, leis, decretos, por sua vez, dependem da docilidade e boa vontade de seus executores. Ato e potência tecem a tela inextricável da subordinação. O clitóris não está precisamente nem em potência nem em ato. Não é essa virtualidade imatura à espera da atualidade vaginal. Tampouco se dobra ao modelo da ereção e da detumescência. O clitóris interrompe a lógica do comando e da obediência. Não dirige. E por isso perturba.

A emancipação precisa encontrar o ponto de inflexão em que o poder e a dominação se subvertam a si mesmos. A noção de autossubversão é uma das noções determinantes do pensamento anarquista. A dominação não pode ser derrubada somente de fora. Ela tem sua linha de fratura interna, prelúdio a sua possível ruína. Toda instância que se mostra indiferente ao par ato-potência exacerba os sistemas de dominação e em consequência revela suas fissuras íntimas. O clitóris se introduz na intimidade da potência – normativa, ideológica – para revelar a pane que sem cessar a ameaça.

No meu entender, clitóris, anarquia e feminino estão indissoluvelmente ligados, formam uma frente de resistência consciente das derivas autoritárias da própria resistência. A derrota da dominação é um dos maiores desafios de nossa época. O feminismo é evidentemente uma das figuras mais vivas desse desafio, ponta de lança muito exposta porque precisamente sem *arkhé*.

Mas sem princípio não quer dizer sem memória. Por isso me parece vital não amputar o feminismo do feminino. O feminino é antes de tudo uma lembrança, lembrança das violências praticadas contra as mulheres, ontem e hoje, das mutilações, estupros, assédios, feminicídios. Dessa memória, o clitóris é sem dúvida, e em muitos aspectos, o repositório que simboliza e encarna de uma só vez o que a autonomia do prazer das mulheres representa de insuportável. Ao mesmo tempo, como eu disse, o feminino transcende a mulher, ele a desnatura para projetar, para além das torpezas dos abusadores, grandes ou pequenos, o espaço político de uma indiferença à sujeição.

O feminino une essa memória e esse futuro.

Sobre a autora

CATHERINE MALABOU nasceu em Sidi Bel Abbès, na Argélia, em 1959. Iniciou os estudos em filosofia na Universidade de Paris–Sorbonne, na França, e fez parte da Comissão de Filosofia e Epistemologia do Ministério da Educação do país, que elaborou, em 1989, um relatório sobre os métodos de ensino da filosofia no ensino básico e superior. Em 1994, concluiu o doutorado em filosofia na École normale supérieure de Fontenay--Saint-Cloud sob orientação de Jacques Derrida. De 1995 a 2011, foi professora assistente de filosofia na Universidade de Paris–Nanterre e, em 2011, passou a atuar também no Centro de Pesquisa em Filosofia Europeia Moderna (CRMEP) na Kingston University London, no Reino Unido. Em 2016, ingressou nos departamentos de Literatura Comparada e Línguas e Estudos Europeus na Universidade da Califórnia em Irvine, nos Estados Unidos, tendo atuado anteriormente como professora visitante em outras instituições acadêmicas estadunidenses, entre elas a Universidade da Califórnia em Berkeley, The New School, Universidade do Estado de Nova York em Buffalo, Universidade de Wisconsin em Madison, Universidade da Califórnia em Los Angeles e Universidade Johns Hopkins em Baltimore. Desde 2017, é professora de filosofia na European Graduate School (EGS).

OBRAS SELECIONADAS

Au voleur! Anarchisme et philosophie. Paris: PUF, 2022.

Métamorphoses de l'intelligence. Paris: PUF, 2021.

Changer de différence. Paris: Galilee, 2009.

Ontologie de l'accident. Paris: Leo Scheer, 2009.

La Plasticité au soir de l'écriture. Paris: Leo Scheer, 2005.

Que Faire de Notre Cerveau? Paris: Bayard, 2004.

(com Jacques Derrida) *Voyager avec Jacques Derrida*.
Paris: La Quinzaine Litteraire-Louis Vuitton, 1999.

L'Avenir de Hegel. Paris: J. Vrin, 1996.

Título original: *Le Plaisir effacé: Clitoris et pensée.*
© Ubu Editora, 2024
© Editions Payot & Rivages, 2020

Imagens da capa © Dora Wanda Pimentel. *Sem Título*, da série *Envolvimento*, 1969. Vinílica sobre tela, 116 × 89 cm.
Coleção Lili e João Avelar
Fotografia de Marcílio Gazzinelli

Cet ouvrage a bénéficié du soutien du Programme d'aide à la publication de l'Institut français.
Este livro contou com o apoio à publicação do Institut Français.

Liberté
Égalité
Fraternité

preparação Maria Emília Bender
revisão Cristina Yamazaki
produção gráfica Marina Ambrasas

EQUIPE UBU
direção editorial Florencia Ferrari
coordenação geral Isabela Sanches
direção de arte Elaine Ramos; Júlia Paccola
  e Nikolas Suguiyama (assistentes)
editorial Bibiana Leme e Gabriela Naigeborin
comercial Luciana Mazolini e Anna Fournier
comunicação / circuito ubu Maria Chiaretti,
  Walmir Lacerda e Seham Furlan
design de comunicação Marco Christini
gestão site / circuito ubu Laís Marias
atendimento Cinthya Moreira e Vivian T.

UBU EDITORA
Largo do Arouche 161 sobreloja 2
01219 011 São Paulo SP
(11) 3331 2275
ubueditora.com.br
professor@ubueditora.com.br
f 🄾 /ubueditora

Dádos Internacionais de Catalogação na Publicação (CIP)
Elaborado por Vagner Rodolfo da Silva – CRB-8 / 9410

M237p Malabou, Catherine [1959–]
   O prazer censurado: clitóris e pensamento /
   Catherine Malabou; traduzido por Célia Euvaldo.
   Título original: *Le Plaisir effacé: Clitoris et pensée.*
   São Paulo: Ubu Editora, 2024. 128 pp.
ISBN 978 85 7126 125 9

1. Feminismo. 2. Filosofia. 3. Estudos de gênero.
4. História. I. Euvaldo, Célia. II. Título.

2024-1283   CDD 305.42 CDU 396

Índice para catálogo sistemático:
1. Feminismo 305.42
2. Feminismo 396

fontes
Karmina e Manuka

papel
Pólen bold 90 g/m²

impressão
Margraf